JN064419

水難学会指定指導法準拠テキスト

最新版

ういてまて

水難学会会長　長岡技術科学大学大学院教授

斎藤 秀俊／著

はじめに

本書は、2001年、2004年、2012年と続く「命を守る着衣泳シリーズ」の４作目となります。この間に多くのことがあり、各書の内容もそれに合わせて大きな変遷を遂げてきました。

シリーズ最初の『命を守る着衣泳』の役割は、命を守る着衣泳の普及を目指すことにありました。最も重要な考え方は溺水の救命の連鎖（チェーン・オブ・サバイバル）です。水難が発生したときに、溺者が浮いて呼吸を確保することで、初めて社会基盤として整備されている救命の連鎖が効果を発揮するというもので、その重要な実技に着衣泳を位置付けました。このテキストをもとに2003年に任意団体である着衣泳研究会を発足させて、指導員資格を得た有志が全国で小学校などを舞台に活動を始めました。活動直後から各地で「水難出場したら、子どもが浮いて救助を待っていた」という報告が聞こえ始め、少しずつその効果が実感できました。

次に出版された『指導者のための命を守る着衣泳』の役割は、指導内容の充実を図るものでした。全国で資格保持指導員や我流指導者が増え始め、「指導者によってプログラムの流れがばらばらである」、「浮いて救助を待ったその後が分からない」などの苦情が寄せられるようになり、資格有無にこだわらず、誰もがほぼ同じプログラムの流れで進めることができるように、そして救助の実際を知識として持つことができるように、解説しました。2006年あたりから夏の報道に着衣泳が取り上げられるようになり、さらに多くの小学校で実施されるようになり、そこで指導を行った方々をそれなりにサポートできたのではないかと拝察しています。

着衣泳を実際に水難現場で実践したというエビデンスが新聞報道などで取り上げられはじめたのは2008年の神戸市都賀川での鉄砲水災害からです。この日、上流で降った大雨の影響で都賀川に鉄砲水が押し寄せ、５人が亡くなりました。その一方で、河口にて釣りをしていた小学生２人が海まで流されましたが、小学校で習った着衣泳の技術を使って助かりました。2011年には、和歌山県有田川町にて、ミカン畑に灌水するためのため池に落ちた小学生が背浮き状態になり、それを発見した主婦がペットボトルを渡して無事に救助した例が報道されました。テレビでペットボトルを投げて救助する方法を見たことがあって、見よう見まねで実施し成功したそうです。

前作『浮いて待て！ 命を守る着衣泳』は当初、2011年に発行する予定でした。脱稿を目前としていたとき、あの東日本大震災に見舞われました。たくさんの方が亡くなられた中で、着衣泳指導員として活躍していた名取市消防署閖上出張所の消防士も犠牲になりました。津波が押し寄せる最後まで住民の避難誘導を行っていました。着衣泳を理解していても大自然には勝てませんでした。さまざまなことや思いがあり、１年発行を見送ることにしました。

着衣泳研究会では実は2007年からほぼ毎年、海を舞台に大津波を想定した実証研究を行っていました。高知県消防防災航空隊とともに津波で海に流された要救助者が取るべき行動としての着衣泳と、回転翼機によるつり上げ救助活動とのマッチングを図りました。その研究メンバーの中に研究会の主要メンバーであった安倍淳氏がいました。安倍氏は10年にわたり住まいの近くの東松島市立野蒜（のびる）小学校にて、外部講師として夫婦で津波の怖さと着衣泳を組み合わせた先進的な教育を子どもたちにしていました。その中で「とにかく高台へ避難、だめだったら浮いて待て」と教え続けました。そして３月11日を迎えました。震災の当日、安倍夫妻は家屋ごと津波で流され、吉田川を７kmもさかのぼり生還しました。野蒜小学校の子どもたちは避難していた体育館で３mにも達する津波にのまれましたが、着衣泳の実技で生還しました。『命を守る着衣泳』の発行から数えて10年後に、つながった命がありました。

前作ではこの本が果たすべき役割は何か、2011年の１年間で真剣に考えました。そしてたどり着いた答えが、浮いて待て、という基本を忠実に守り、伝えることでした。待つという意味はさまざまで、救助を待つ、チャンスを待つなどです。これは**溺者が主役**という、溺者を中心に救助計画を立てるという水難救助の考え方の大転換であります。

2011年には着衣泳研究会が一般社団法人水難学会に組織替えとなりました。指導員数（会員数）が2,000人以上に達する大きな学会です。消防職員、海上保安官、医療従事者、教員といったそれぞれの分野で活躍している人たちからなります。法人ですから社会に対して責任ある行動を求められ、浮いて待て、という基本を忠実に守り伝え、さらに救助現場をよりよくすることが重要な使命となりました。

そして、シリーズ４作目となる本書から着衣泳という言葉も、より分かりやすい「ういてまて」に変えました。

本書は、これからういてまてを練習してみようという人、指導者として活動してみたい人、さらにういてまてを中心にして救助実務を組み立てようとしている人の三つの立場の人々を想定して構成されています。簡単な実技ですから、背浮きで浮くことができればすぐに人に教えたくなります。そういう人が、背浮きのこつや人に指導するときの実技の流れを本書で学ぶことができます。救助のプロがより安全で確実な救助実務を組み立てるための参考書としても耐え得ると確信しています。

また、本書から「ペットボトル救助」などの表記を「寄り添い（ペットボトル）」などに変えました。バイスタンダーの重要な役割は緊急通報を含めた寄り添いです。溺者に寄り添ってプロの救助隊の到着を待ちます。

本書の内容は、水難学会会員の知見、経験の集大成であるといえます。これまでのシリーズに続き多くの専門家の皆さまの意見をいただきながら執筆しました。しかしながら、水難に関する事柄は日進月歩であり、全てを著者の能力で網羅できているとは限りません。間違いや実情に合っていない点がありましたら、ぜひご指摘をいただきたく存じます。

最後に、本書の発行に際してさまざまな助言とともに尽力いただきました新潟日報事業社佐藤大輔氏に深く感謝申し上げます。

2020（令和２）年４月

斎　藤　秀　俊

第1章　概　要

第2章　基本技術

第3章　小学生向けプログラム

第4章　成人向けプログラム

第5章　2日間プログラム

第6章　水　難

第7章 救 助

第8章 プール管理

第1章

概　要

ういてまてとは何か、どのように役に立つのか、教室ではどのようなことを教わるのか、ういてまてという言葉に初めて出合った人が知りたいことについてまとめました。ういてまて教室の実施計画書の策定の際にも参考として利用できます。

第1章　概　要

図1-1　深みにはまった事故のシミュレーション

1-1　ういてまて

ういてまてとは、衣服と靴を身に着けた状態で水の中で行う身のこなしのことです。着衣状態で浮いたり、移動したり（泳いだり）します。本書で学ぶことになる、ういてまてとは、衣服を身にまとった状態で不意に水に落ちたときに、水面で呼吸を確保することを最優先とし、救助隊が到着するまで浮いて命をつなぐ身のこなしのことです。一言で、「浮いて待て」を実践する技術と知識です。

衣服を身にまとった状態で不意に水に落ちるとはどういう状態か、想像がつくでしょうか？　わが国で多い事故は、海での釣り中や河川での水遊び中の転落、散歩中の用水路への転落、あるいは津波や高波などを受けての海面への転落などです。水に落ちたり急に深みにはまったりすると、多くの場合、人は両手を水面に挙げて沈みます。図1-1は川に入って遊んでいる子どもが急に深みにはまった前後の連続写真です。深みにはまった瞬間に反動で両手が水面に出て、そのまま水没している様子が分かります。

一方、ういてまての技術を利用すれば、簡単な身のこなしでこのような非常時でも水面に浮き上がることができます。中でも基本的な身のこなしが、背浮きです。現代の衣服は機密性が高くて、より空気を逃しにくくなっていますし、外履き靴は水に浮く製品が多いので、それらを身に着けた着衣状態では、泳ぐよりも背浮きによって浮く方が生命を維持するのに有利に働きます。

たとえ幼児でも図1-2のように浮いて呼吸することができます。要するに、背浮きの状態に慣れることが重要で、簡単な練習をこなせば水着の状態でもペットボトル１本で浮くことができますし、衣服を着て運動靴を履いた状態なら、ペットボトルがあってもなくても安定して浮くことができます。かばんなどの浮具を活用すればますます浮きやすくなります。

このような実技を会得するためには、例えば子どもの場合、45分でもよいので小学校１年生から６年生まで毎年練習

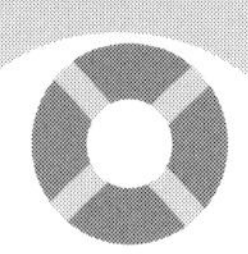

することが重要です。最近では、幼稚園や保育園でも取り組むところが出てきています。大人は習う機会を作るのがなかなか難しいので、親子ういてまて教室に参加したり、ういてまての指導員養成講習会に参加したりするのがよいでしょう。「子どもにういてまてを教えよう」という意気込みで、自分の実技を高めることが簡単にできます。

水の事故に遭ったら、生還できなければ意味がありません。着衣状態で浮いていても自力で陸に戻るのは難しいのです。生還するにはバイスタンダーと呼ばれる周囲の目撃者の協力が必要です。バイスタンダーが救助のための緊急通報をして、それから浮くものを投げてくれます。この一連の動きを寄り添いといいます。浮具を受け取ったら、それを離さずに背浮きを続け、プロの救助隊の到着を待ちます。

2011（平成23）年の東日本大震災による津波では、津波にのまれた人が、着ていたダウンジャケットの浮力を使いながら泳いで建物の屋上にたどり着きました。あるいは避難所に入ってきた津波にういてまてで一度浮き上がって、海水がひいた後に無事に床に降りたという人もいました。このように、大規模な災害では救助に頼らずに、浮力を確保しながら自らの力で生還のチャンスを待つことも求められます。

救助隊が到着したら、早速救助活動が始まります。救助隊の装備によって、陸から救助される場合、水に入った隊員によって救助される場合、ヘリコプターにつり上げられて救助される場合があります。いずれにしても、浮いて待つ人は救助されるまで、沈まずに頑張ります。

水の事故から生還するためには、浮いて救助を待つ人、バイスタンダーの寄り添い、救助隊の連携が必要です。これを水難の救命の連鎖（チェーン・オブ・サバイバル）と呼びます。ういてまて教室では、浮いて救助を待つ技術ばかりでなく、社会システムをチェーン・オブ・サバイバルで理解します。そして、その考え方を市民と消防・海上保安庁などの救助組織が共有して、初めて無事救助・生還につながります。

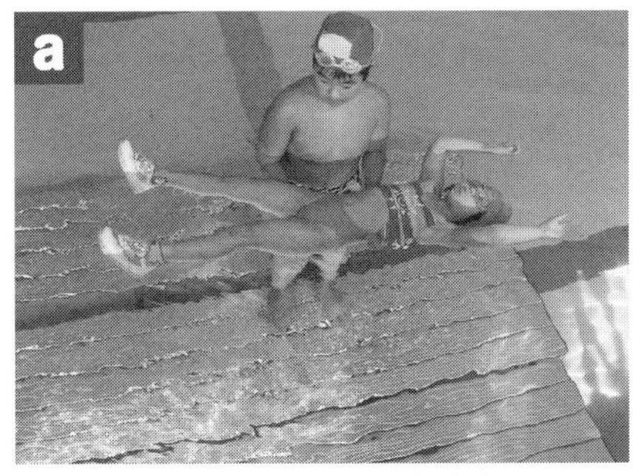

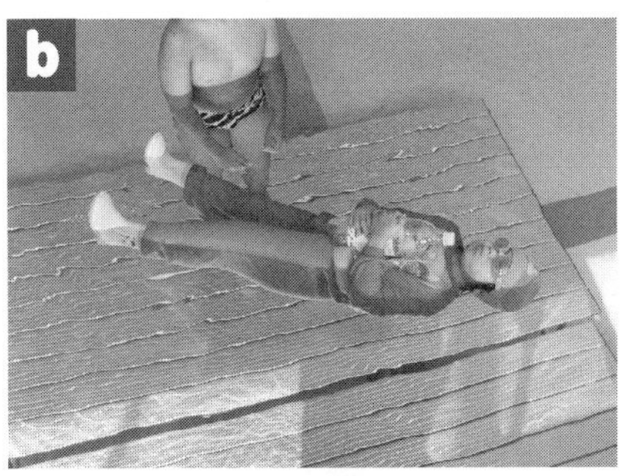

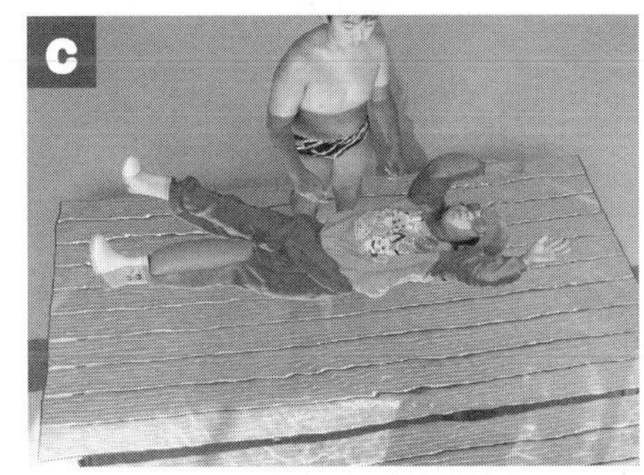

図1-2　幼児の背浮きの実技の様子

キーワード

バイスタンダー

救急・災害現場に居合わせた人のことで、発見者や同伴者などであることが多い。水難では、119番通報や陸からの救助において重要な役割を担う。

キーワード

救命の連鎖

救命効果を高めるための心構えで、心停止の予防、早い119番通報、早い心肺蘇生と自動体外式除細動器（AED）、救急隊、病院での処置を連結している。

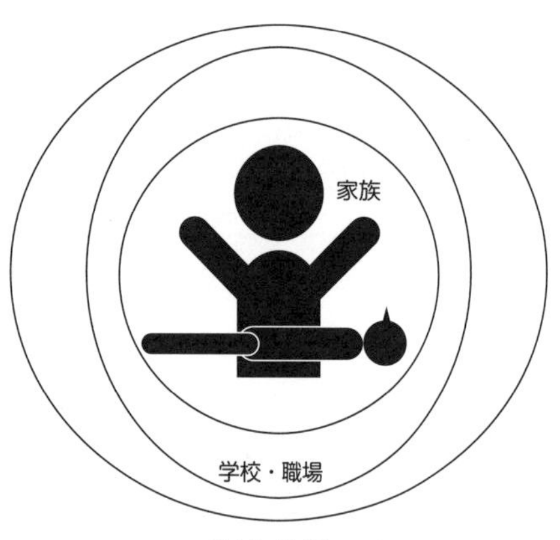

図1-3　ういてまての練習は身近なところから

図1-4　ビニールプールでの背浮き

1-2 ういてまてを習うときの心構え

ういてまてそのものは、このテキストに従えば、誰にでもできるようになっています。そして、緊急のときにとっさにできるようになっています。とっさのときに自分の命が守れることに意義があるのです。

ういてまての練習をするのに、せっかくですから誰かを巻き込みましょう。図1-3のように、その誰かは身近な人から想定してみてください。例えば家族であれば親子で練習をする、学校や職場であれば教室や職場のみんなで練習をする、地域であれば子ども会や町内会単位で練習をするようにします。全国に水難学会の指導員がいますので、そういった指導員に指導を依頼するのもよいでしょう。

ういてまてを練習するのに、優れた泳力は求められません。身近にあるものを使えば、５分もあれば基本中の基本である背浮きが会得できます。

家族のいる方へ。家族で練習するのであれば、図1-4のようにご家庭にあるビニールプールを使ったり、公立プールに親子で出かけたり、水着の状態でビート板やペットボトルを浮具に使いながら図1-5のように背浮きに挑戦してもよいですし、海水浴に出かけた際に、浅瀬にて水着＋Ｔシャツ＋運動靴の軽い格好で海面に浮いてみてもよいでしょう。

教員の方へ。児童・生徒向けにプールを使ってさらに突っ込んだ実技に挑戦することができます。着衣状態で背浮きの練習、転落の練習さらには簡単な救助の練習も行うことができます。夏休み前の水泳の授業を１コマだけういてまて教室に振り替えるだけでも十分です。

消防・海保の方へ。近くの小学校などから消防署や保安署に連絡が来て、ういてまて教室を依頼されることがあります。現在、全国各地の消防職員や保安官が指導員の資格を取得してボランティアで教室の指導を引き受けていることから、そういううわさを聞いた小学校から依頼が来るわけで

す。指導員のいない消防署などでは「とうとう依頼が来たか」と腹をくくり、「誰かを派遣しよう」となり、その誰かが一夜漬けでテキストを読みながら指導する場合もあるかもしれません。その消防署などの職員にしてみれば、ういてまてを習うときが来たといえるのです。

一方で、ういてまて教室に慣れている消防署や保安署では、実際の水難を扱っていますから、この地域の背浮きはこうあるべきだとか、どのようにして何分くらい待っていてくれればよいかなど、地域の安全を守るため、さらに高度な研究・学習の道に進むことになるでしょう。

このテキストには、安全管理という言葉が頻出します。ういてまてを学ぶときには、安全管理がしっかりしていなければなりません。

ういてまての実技は、水難事故を想定して行われます。ですから、事故などのさまざまなトラブルとは紙一重の状態で実技が進められることもあります。例えば、背浮きから立ち上がろうとして失敗して溺れた、救助者役が投げたペットボトルが溺者役の顔に当たってコブを作った、転落のときに人と衝突した、プールを必要以上に汚してしまった、プール水を介して感染症が広がった、などを挙げることができます。

安全管理は、このような事故やトラブルのリスクを可能なまで低くするための手段です。ういてまての実技練習は、安全管理がきちんとできていて、成功するのです。ういてまてに興味を持ったら、まずは本書を読みながら練習して、その次にはぜひ指導員の資格取得に挑戦してほしいと思います。水難学会の指導員養成講習会では、しっかりした安全管理の技術について実技を交えて会得することができます。

ういてまての実技を練習するときにやってはいけないことがあります。まず、安全が保たれていない海や河川では練習しないでください。また背の立たないプールで練習をしないでください。このような場所で実技に失敗したら、命を落としかねません。

キーワード

水難学会指導員

水難学会が認定する、指導員資格。講義と実技からなる指導員養成講習会を受講して最終試験に合格すると授与される。指導員になると全国の学校・職場・地域などでういてまて教室にて指導を行う。

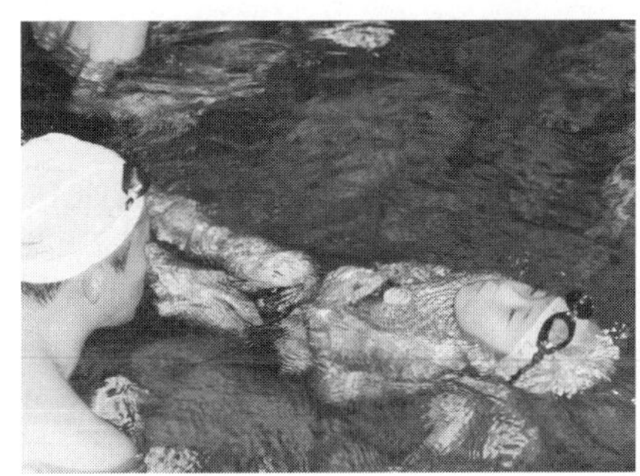

図1-5　親子ういてまて教室の様子

図1-6　東南アジアに広がるuitemate教室
(a)インドネシア、(b)フィリピン、
(c)スリランカ

ういてまての実技とともに、根拠のある内容を勉強してください。本書には根拠に基づいた内容が盛り込まれています。世の中では、水難から身を守る方法として間違ったことを教えている例が見受けられます。中には実施した人の命を危険にさらすようなことを自分で確認もせずに広めている例もありますので注意が必要です。人の命がかかっているわけですので、常に真実を求めなければなりません。

わが国で広がっている「ういてまて」が世界に"uitemate"という言葉とともに広がりつつあります。図1-6に、東南アジアで広がっているuitemateの指導員養成講習会の様子を示します。簡単に浮くことができるので、参加者全員が驚いていました。資格取得後に早速uitemate教室を実施した人もいたようです。

温帯あるいは熱帯モンスーン気候にある途上国では、津波や洪水によって毎年数十万人が命を落としています。アジア各国では、先進国である日本が次に何を提案するか、常に関心を寄せています。その中でも、uitemateという考え方に共鳴できるようで、タイのある研究者は「気温・水温が暖かく、呼吸さえ確保できれば助かる命がまだたくさんある中で、浮いて生還のチャンスを待つ人を増やしたい」と話しています。われわれが学びの輪を広げることによって、世界の命を間接的に救うことにもなるのです。

1-3 プログラム

ういてまて教室のプログラムを見ながら、ういてまて教室ではどのようなことを練習するのか見ていきましょう。

図1-7に教室の様子を示します。小学校では、1年生からういてまて教室が行われています。図1-7(a)は1、2年生で、水慣れをしています。図1-7(b)の3、4年生ではしっかりとした背浮きを練習します。そして図1-7(c)の5、6年生では寄り添い（救助との連携）を教わります。

最近では保育園・幼稚園でも実施例が増えてきました。プログラムは小学校1、2年生のそれを参考にして、園児向けに改良をしているようです。一方、5、6年生から初めてういてまてを習うのであれば、3、4年生のプログラムから始めるとちょうどよいようです。

ういてまてはどれくらいの時間を使って練習すればよいでしょうか。それは45分から90分の間になります。学校で決められている授業時間があり、プールに入るための時間は、どの学校でもこの程度に限られています。そのため、標準として45分でできること、90分でできることに分けて練習できるようにプログラムが準備されています。45分プログラムは、昼休みなど着替えの時間が授業時間以外で取れるような場合に選択されます。授業2コマ分が確保できるのであれば、90分プログラムが選択されます。

また、PTA行事に利用できるように、親子ういてまて教室のプログラムもありますし、消防署などの職場にて実施することを想定した成人向け短期プログラムもあります。さらに、指導員養成講習会で行われる実技プログラムも準備しています。大学で集中講義などの時間を利用して2日間かけて練習するためのプログラムもあります。それぞれ見ながら参考にしてください。

プログラムに記載されている実技に関する詳細な説明と、実技と実技との間の流れなどについては、第2章以降で説明します。

図1-7　小学校ういてまて教室の様子
(a)1、2年生、(b)3、4年生、
(c)5、6年生

1-3-1 小学生向けプログラム

(1) 1、2年生

1、2年生では着衣での水慣れを中心に実技を展開します。指導内容を二つに分けました。45分プログラム（表1-1）と90分プログラム（表1-2）です。どちらにするかは、学校にて確保できる時間によります。

45分プログラムでは、とりあえず体験してみることになります。内容①は浮き方重視、内容②は身のこなし方重視となっています。どちらもまず、水（プール）への入り方をしっかりと指導します。

内容①は、水中ジャンケンで水に慣れてから、ビート板やかばんなど浮力が十分にあり、比較的バランスの取りやすいものを使って浮く練習に励むためのメニューです。一方、内容②はウエイディングや宝探しで体を水中で動かすことを重視したメニューです。バランス感覚が身に付いたら、ペットボトルの背浮きに挑戦します。この背浮きは不安定なので、体のバランスの取り方がこつになります。要するに、水の中のどのような状態にも慣れることを目標とします。

90分プログラムでは、一つ一つの実技に時間をかけて多くの児童が目標達成できるように指導します。内容①は水遊び重視、内容②は背浮き重視となっています。どちらのプログラムでも、まずプールへの入り方をしっかり指導します。内容①では最終的にビート板背浮き程度にとどめますが、内容②では浮具なしの背浮きにまで到達します。途中でトイレ休憩の時間も確保します。

いずれのプログラムでも、指導者4人で受講者40人を想定しています。もちろん、教員が業務として自分のクラスの児童を指導する場合には、指導者1人で実施することもできます。

表1-1　小学校1、2年生ういてまて教室（45分）のプログラム例

標準開始時間（分）	内　容①	内　容②
0	あいさつ・動機付け	あいさつ・動機付け
5	準備体操・点呼	準備体操・点呼
10	清潔作業	清潔作業
15	着衣	着衣
20	プールサイドからの入水	プールサイドからの入水
25	水中ジャンケン	ウエイディング
30	ビート板背浮き	宝探し
35	かばん浮き	ペットボトル背浮き
40	清潔作業・点呼	清潔作業・点呼
45	終了	終了

表1-2　小学校1、2年生ういてまて教室（90分）のプログラム例

標準開始時間（分）	内　容①	内　容②
0	あいさつ・動機付け・準備体操・点呼	あいさつ・動機付け・準備体操・点呼
10	清潔作業・着衣	清潔作業・着衣
20	入水	入水
30	水中ジャンケン	ウエイディング
40	ウエイディング	宝探し
50	かけっこ・鬼ごっこ	ビート板背浮き・休憩・点呼
60	休憩・点呼・宝探し	ペットボトル背浮き
70	ビート板背浮き	背浮き
80	清潔作業・点呼	清潔作業・点呼
90	終了	終了

(2) 3、4年生

3、4年生ではしっかりとした背浮きを教えます。やはり学校にて確保できる時間を考慮して、45分プログラム（表1-3）と90分プログラム（表1-4）の二つを提示してあります。

45分プログラムでは、主に展示と体験にとどめると割り切って進めます。内容①は少し抑えた展開で、内容②はダイナミックに展開する内容となっています。1、2年生におけるういてまての経験により、どちらかを選択することになります。内容①は背浮きの経験がない児童向けなので、背浮きの実技に工夫を凝らします。例えば対極にある潜水と組み合わせて、呼吸の仕方で沈むことも浮くこともできることを実感しながら体得できるように導きます。内容②ではプール洗濯機で流水を作り、流れに逆らわないことの重要性を教えます。さらに、プールサイドから転落入水（落水）してそのまま背浮きに移行する実技を練習します。背浮きをしながら呼吸を確保することを目標とします。

90分プログラムでは、全員が実技を体得することを目標に進めます。ここでも内容を二つに分けました。内容①は浮具を利用した背浮きで統一し、最後の落水でもリュックサックやランドセルを背負いながら落ちて水面に浮くという実践的な実技を教えます。内容②では浮具を使わないで落水から背浮きに移行できるようにします。最後の回復訓練では、水害時に歩行しているときに深みにはまったことを想定して、浮具の使い方を訓練します。

表1-3　小学校3、4年生ういてまて教室（45分）のプログラム例

標準開始時間（分）	内　容①	内　容②
0	あいさつ・動機付け	あいさつ・動機付け
5	準備体操・点呼	準備体操・点呼
10	清潔作業	清潔作業
15	着衣	着衣
20	プールサイドからの入水	プールサイドからの入水
25	潜水	流水
30	ペットボトル背浮き	背浮き
35	背浮き	落水～背浮き
40	清潔作業・点呼	清潔作業・点呼
45	終了	終了

表1-4　小学校3、4年生ういてまて教室（90分）のプログラム例

標準開始時間（分）	内　容①	内　容②
0	あいさつ・動機付け・準備体操・点呼	あいさつ・動機付け・準備体操・点呼
10	清潔作業・着衣	清潔作業・着衣
20	入水	入水
30	ウエイディング・潜水	ウエイディング・流水
40	ペットボトル背浮き	背浮き
50	背浮き・休憩	落水
60	かばん浮き	落水～背浮き
70	落水～かばん浮き	回復訓練
80	清潔作業・点呼	清潔作業・点呼
90	終了	終了

表1-5　小学校５、６年生ういてまて教室（45分）のプログラム例

標準開始時間（分）	内　容①	内　容②
0	あいさつ・動機付け	あいさつ・動機付け
5	準備体操・点呼	準備体操・点呼
10	清潔作業	清潔作業
15	着衣	入水・流水
20	背浮き	背浮き
25	落水	着衣・落水
30	寄り添い（ペットボトル）	寄り添い（ペットボトル）ランドセル背浮き
35		
40	清潔作業・点呼	清潔作業・点呼
45	終了	終了

表1-6　小学校５、６年生ういてまて教室（90分）のプログラム例

標準開始時間（分）	内　容①	内　容②
0	あいさつ・動機付け・準備体操・点呼	あいさつ・動機付け・準備体操・点呼
10	清潔作業・着衣	清潔作業・着衣
20	入水	入水・流水
30	背浮き～流水背浮き	潜水・背浮き
40	ペットボトル背浮き	着衣・流水背浮き
50	背浮き	落水～かばん浮き～移動
60	かばん浮き	回復動作
70	落水～寄り添い（ペットボトル）	寄り添い（釣具）
80	清潔作業・点呼	清潔作業・点呼
90	終了	終了

(3) 5、6年生

5、6年生では寄り添い（救助との連携）を想定して実践的な訓練を行います。浮いて救助を待つことをしっかりと覚えるのと同時に、ういてまてで浮いている人を発見したら、ペットボトルのような浮力体を渡すやり方、すなわち陸からの救助法をマスターします。確保できる時間によって、45分プログラム（表1-5）と90分プログラム（表1-6）のいずれかを選択してください。

45分プログラムでは、背浮き、落水、寄り添い（救助との連携）の流れを一とおり体験します。内容①は、5、6年生で初めてういてまてを行う場合で、一つ一つの実技を個別に体験することを目標としています。一方、内容②では既にういてまてを体験していて少なくとも背浮きはできるという集団を仮定しています。実技を複合的に組み合わせて、より実戦で使える内容になっています。

90分プログラムでは、より実践的な内容を全員がしっかり練習しながら学習できるように組みました。内容①では水に転落したとき、その場に浮きながら救助を待つことを想定しています。内容②では必要に応じて岸や、あるいはより安全な場所に移動する方法や、深みにはまったときの対処法である回復動作を学びます。また、浮いている人を発見したら、寄り添い（ペットボトル）、すなわち陸からペットボトルを渡すと同時に、119番通報など救助機関に緊急通報を行う練習をします。さらに、最も事故が起きやすい、釣り中をイメージして、釣具による簡単な寄り添い（釣具）の実技を勉強します。総合的な練習をとおしてチェーン・オブ・サバイバルの考え方を身に付けます。

1-3-2 親子・成人向けプログラム

親子ういてまて教室（表1-7左）では、親子が１つのペア（あるいはグループ）を作り、一緒になって勉強していきます。子どもの能力に応じたプログラムの進行速度になっていないといけませんし、親子で遭遇する事故を想定して練習をしていかなければなりません。親が子どもを助けるばかりでなく、子どもが親を助けるシーンが十分あり得ます。時間配分では、親子ペア10組を想定しています。

想定している児童は小学校３、４年生です。着衣状態で入水してから、いきなりペットボトル背浮きとなります。その後は、寄り添い（ペットボトル）に慣れて、落水から寄り添いへの複合練習に移ります。大人の方が命を落とす確率が高いので、それをきちんと伝えながら真剣な練習に持ち込みます。

一方、成人向けプログラム（表1-7右）は、地元の小学校から講習依頼が来たときに、指導員資格を所持している職員が所持していない職員に急きょ伝達するときに使えますし、職員が指導員資格を取得する前の研修会の実技練習として実施するときにも使えます。また、小学校でういてまての実技を経験した中学生や高校生に対しても利用できます。

ういてまての基本的な実技を網羅していますが、その分内容の種類が多いので、一つの実技種目にかける時間は少なくなっています。10人くらいの受講者を想定しています。着衣状態で入水した後で背浮きの練習をして、さらに潜水との違いを体験します。続いて流水、落水が入り、回復動作になります。回復動作は、消防職員が洪水現場を歩くときに絶対に必要な実技となります。子どもたちに教える前に、まず自分ができなければならない実技だといえます。最後の寄り添い（釣具）もその意義をしっかりと認識して練習してください。

表1-7　親子・成人ういてまて教室のプログラム例

標準開始時間（分）	親子内容	成人内容
0	あいさつ・動機付け・準備体操・点呼	あいさつ・動機付け・準備体操・点呼
10	清潔作業	清潔作業
20	入水	入水・ウエイディング
30	ペットボトル背浮き	背浮き
40	靴背浮き	効果測定・着衣
50	効果測定・休憩・着衣・点呼	落水～寄り添い（ペットボトル）
60	着衣背浮き	回復動作
70	落水～寄り添い（ペットボトル）・かばん浮き	寄り添い（釣具）
80	清潔作業・点呼	清潔作業・点呼
90	終了	終了

1-3-3 指導員養成講習会向けプログラム

このプログラムは、水難学会認定の指導員資格を取得するときに利用されます。実技の基礎・理論ならびに指導法をしっかり学べるように組んであります。

一次救命手当が可能な者で、既にういてまてに関する知識と技術がある受講者30人がこのプログラムをこなします。指導員はういてまて教室実績が豊富な者３人以上で、水難学会では統括指導員ならびに養成指導員が指導の任に当たります。

通常は学科講習が３時間ほど行われて学科試験を受けることになります。その後、実技講習に入ります。実技講習のプログラムを表1-8に示します。プログラムは休憩を挟んで前半と後半に分かれており、前半では水着の状態で水中における身のこなし方の原理原則を学んでいきます。後半では着衣状態となり実戦に近い形で練習していきます。

また、前半と後半にそれぞれ効果測定（実技試験）を組んであるのも特徴です。前半の効果測定Ⅰでは、５分間背浮きを試験します。一方、後半の効果測定Ⅱでは、寄り添い（ペットボトル）について試験します。いずれも教室にて受講者に対して分かりやすく展示しなければならない実技ですので、確実に行えることが求められるわけです。

指導員養成講習会受講者は、この講習の随所で安全管理の実際を体験することもできます。

キーワード

一次救命手当の可能な者

厚生労働省が定める一定の頻度で対応することを想定される者のための自動体外式除細動器（AED）講習を受講していてその有効期間内にある者、あるいは医療従事者などを指す。

表1-8　指導員養成講習会のプログラム例

標準開始時間（分）	前　半	後　半
0	導入・点呼	休憩・点呼
5	入水	
10	立ち方	
15	ウエイディング	着衣ウエイディング
20		
25	潜水	落水
30		
35	背浮き	
40		寄り添い（ペットボトル）
45		
50	靴背浮き	
55		
60	ペットボトル背浮き	総合練習
65		
70		
75	スカーリング フィニング エレメンタリーバックストローク 立泳ぎ	
80		効果測定Ⅱ
85		
90		
95		
100		清潔作業・点呼
105		
110	災害対応	総括
115	効果測定Ⅰ	

1-3-4 成人向け２日間プログラム

表1-9に示します。成人向け２日間プログラムは例えば、大学の教育系学部において、水の事故ならびに溺水について理論からしっかりと学ぶときに選択するプログラムです。泳力のない人でも十分についてこられるようになっています。実際には看護学校の２日間の集中講義用プログラムに使われました。１クラス40人の学生向けに３人の指導員で担当しました。

プログラムは講義と実技からなります。講義は午前と午後の初めにそれぞれ配置してあります。食事から実技までの間に講義の時間を入れることで、食事後の休養を十分確保してあります。

講義内容は本書第５章に記載してある事項がそれに当たります。１日目午前の水の事故では、このプログラムの目指すところを説明します。午後の泳ぎの基本では、水の中での身のこなしに重要である、浮力とバランスについて学びます。２日目午前の自己保全では、ういてまての実技を構成する背浮きと移動について理解し、午後には救助との連携について確認します。

講義でおおよその内容と意義を頭に入れて、そして実技でそれを確認するようになっています。１日目には水着の状態で水の中での身のこなしと泳ぎの基本を練習します。２日目には衣服を着用して実技を行います。自分自身が水に落ちた場合（ういてまて）と自分がバイスタンダーになる場合（寄り添い）との二つについて役割を変えながら学びます。成人向けでも、原則として背の立つ深さのプールにて全ての実技を実施します。

表1-9　成人２日間教室のプログラム例

開始時間	1日目	2日目
9：30	（講義） 水の事故 溺水例 溺水の科学	（講義） 自己保全 着衣状態での背浮き 着衣状態での移動
10：30	（実技） プールでの注意事項 バディーシステム 水慣れ 入水方法、アップ	（実技） ういてまて① 入水 浮き方 背浮き
12：00	昼　食	昼　食
13：00	（講義） 泳ぎの基本 泳げるとは 浮力心と重心 水の事故防止	（講義） チェーン・オブ・サバイバル 陸からの寄り添い 水中での寄り添い 救助用具
14：00	（実技） 泳ぎの基本 浮き方、潜水 クロール、平泳ぎ 顔あげ平泳ぎ 飛び込み	（実技） ういてまて② 高所入水 潜水 寄り添い ５分間浮身試験
16：30	終　了	終　了

1-4 準備するもの

ういてまて教室では水泳とは異なり通常は水に入れることのないさまざまなものを準備しなければなりません。学校など主催者が準備すべきものと児童など受講者が準備するものとがあります。

主催者が準備するものとして、指導員を受講者10人について1人（教員が授業で行うのであれば、人数配分はこれにこだわりません）、ビート板やランドセル（図1-8(a)）などのかばん類、靴を忘れた子ども用の靴、きれいではない靴を持ってきた子ども用の厚手のポリ袋があります。もちろん、受講者名簿も現場に準備されていなければなりません。

一方、受講者が準備するものは、水着、水泳帽、ゴーグル、バスタオル、長袖（トレーナー様の厚手が望ましい）、長ズボン（ジーンズが望ましい）、靴下、運動靴（安い新品が望ましい）、ぬれた衣服を持ち帰るためのポリ袋、2リットル(L）程度の空のペットボトル（ふた付き）、必要に応じて、図1-8(b)のような小さめのリュックサックも用意します。なお、ういてまて用の靴を児童の人数分準備して図1-8(c)のように利用する学校もあります。学校でダウンジャケットの古着を1着準備して、冬の事故を想定してもよいでしょう。

夏場の屋外プールで、保護者の見学を組み合わせる場合には、図1-8(d)のようにプールサイドに日陰を作るためのテントを準備します。さらに十分な給水ができるようにします。ホームページや広報誌などに報告を掲載するときに利用するための動画や画像をビデオカメラなどで撮影しておいてもよいでしょう。

万が一の事故のときに緊急通報できるように、プールサイドに携帯電話を準備し、さらにAED（自動体外式除細動器）をプールに持ち込めるようであれば、持ち込みます。

図1-8　準備するもの

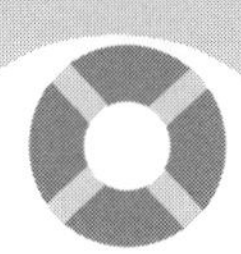

うぃてまて教室の案内例

令和２年７月５日

保護者各位

佐渡ケ島小学校
校長 金山朱鷺雄

うぃてまて教室の開催について

向夏の候、ますますご清栄のこととお喜び申し上げます。
さて、夏休みを間近に控え、児童の水の事故を心配する季節となりました。夏休み中の水の事故から大事な命を守るために、今年も本校において下記のとおりうぃてまて教室を開催することにしております。ご家庭での準備の方をよろしくお願い申し上げます。なお、当日はプールサイドにおける参観も歓迎します。お誘い合わせの上、お越しください。

記

日　時　令和２年７月１３日（月）
５、６年生　９時４５分～１０時３０分
１、２年生　１０時４０分～１１時２５分
３、４年生　１１時３５分～１２時２０分

場　所　本校プール

持ち物　水着、水泳帽、ゴーグル、バスタオル、長袖（トレーナーが望ましい）、長ズボン（ジーンズが望ましい）、靴下、運動靴（安い新品が望ましい）、ぬれた衣服を持ち帰るためのポリ袋、２リットル程度の空のペットボトル（ふたを付けておいてください）

注　意　長袖、長ズボンは洗濯してあるものを家庭でさらに水洗いして、洗剤などが残っていないようにしてください。運動靴の新品が準備できないときには、家庭でしっかり洗った靴を持たせるようにしてください。当日は少々の雨なら決行することがあります。雨天でも一応うぃてまて教室の準備をさせてください。

以上

図1-9　点呼の様子

1-5 安全管理

ういてまて教室には少なからず危険が伴います。教室の実技練習が実際の水難を想定して行われるからです。教室の安全管理の徹底は、指導者全員に求められるものであり、その資質は「安全管理ができること」で認められる、といっても過言ではありません。安全管理は全てに優先します。

安全管理は受講者に関することとプールに関することに分けられます。受講者に関する内容には、点呼と清潔作業があります。一方、プールに関する内容として、衛生管理と施設管理を挙げることができます。安全管理をするためには気を配る項目がたくさんありますが、ここでは最小限覚えておかなければならないことについて解説します。

(1) 点呼

ういてまて教室の安全管理で最も重要なのは、点呼です。点呼を行い、常に受講者の人数を確認します。受講者にとっては教室に参加している自覚を持つための時間でもあり、仲間とお互いの安全を確認する時間でもあります。

点呼は入水前に必ず行います。それは溺水事故が入水のときに最も高い確率で起こるからです。さらに、退水後に着替えを済ませてからの点呼も重要です。解散時の点呼を水着の状態でプールサイドにおいて取ると、再び入水する者が出るからです。要するに、プールで事故が起こるとすれば、無監督状態が引き金になるということです。

図1-9は小学校低学年の点呼のやり方を示しています。

(2) 清潔作業

プールに水以外のものを入れなければ、プールは汚れませんし、人から人への病気の感染も起こりません。しかしそれでは利益を生みませんので、そういったリスクを少なくしながら、プールを活用しなければいけません。

図1-10　シャワーを浴びる

水の中に入れる異物（人の体や衣服）が多いほど、プール内では感染症のリスクが高くなります。感染症を防止するには、①不潔なものを持ち込まない、②入水直前や入水中に傷を作らない、③退水後にプール水を粘膜などに残さない、④プール水の残留塩素濃度を保つことが重要です。

そのために威力を発揮するのが清潔作業です。清潔作業とは、プールを利用するときの身だしなみといってよいでしょう。図1-10に示すようにシャワーなどの清水を使って、プールに体の汚れ、服の汚れ、糸くず、洗剤、さらに履物の汚れ、異物を持ち込まないようにします。退水するときには図1-11に示すようにうがいをするなどして、粘膜などに残ったプールの水を持ち出さないようにします。

図1-11　うがいをする

(3) 衛生管理

ういてまての練習を実施するときに、いつも以上に気を付けたいのがプールの水質管理です。学校では、教員が日頃から管理していますから、受講者や外部講師が直接管理しなくてもいいのですが、ういてまて教室はそれなりにプールに負荷をかけますので、何が重要かを、ういてまて教室を行う全員があらかじめ把握していなければなりません。

プールでは疾病を引き起こすウイルスなどに感染することがあるので、プールの衛生管理は大変重要な意味を持ちます。

細菌やウイルスを死滅させるのに有効なのが遊離残留塩素です。図1-12に遊離残留塩素濃度の測定中の様子を示します。文部科学省の通達でプールの遊離残留塩素濃度は0.4mg/L以上にしなければなりません。また上限は1.0mg/L以下であることが望ましいとされています。この残留塩素濃度は、時間の経過とともに素早く減少します。真夏の実際のプールにおいて、消毒で消費される量も含めて、2時間で遊離残留塩素濃度はゼロになります。ですから、塩素剤は遊離残留塩素濃度を監視しながら常に注入されていなければなりません。

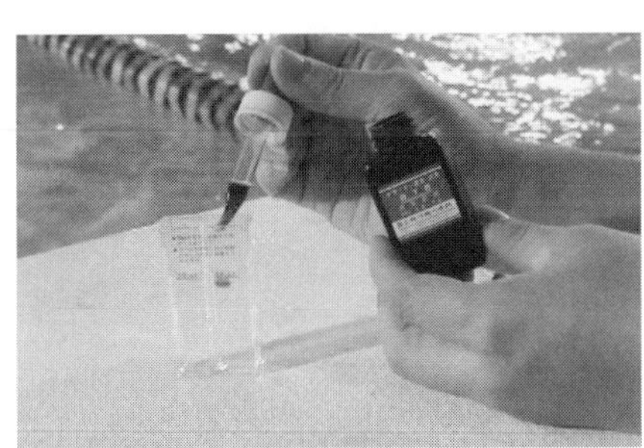
図1-12　遊離残留塩素濃度の測定の様子

キーワード

細菌とウイルス

細菌は細胞を持ち、自己複製能力を持つ。栄養・水分・温度があればいくらでも自己増殖できる生物。大きさは1-5μm。一方、ウイルスは蛋白質の外壁と内部に核酸（遺伝子）を持った単純な構造体。細胞を介して複製する。大きさは細菌の100分の1程度。

図1-13　さまざまなプール

(4) プール管理

プールの施設はプール設備と付帯設備から構成されます。このうち知っておきたいプール設備として、プール本体、浄化設備ならびに消毒設備があります。

プールといってもさまざまな目的で設置されているので、水深もさまざまです。外部講師として招かれた指導員が図1-13(a)のようなプールを想定して当日出掛けたら、現場のプールの深さを見て、あぜんとした、ということもあります。背が立たないプールでのういてまての練習は、専門的な安全管理がなされていない限り厳禁です。

プール本体の水深は、スタート台が設置してあれば1.2m以上で、台がない場合には、一般プールで1.0m以上（50mプールでは1.35m以上）、小中学校標準プールで0.8m以上と規則で決まっています。

それに対して深いプールとは図1-13(b)のダイビングプールを指します。ダイビングプールでは最深部が3.8m以上、アーティスティック競技のできるプールでは最深部が３m以上と決まっています。ダイビングプールでなくとも、国際規格の競泳プールや水球プールでは最深部が２mとなります。なお、国際規格でも図1-13(c)のプールのように利用形態によって深さを変える施設もあります。

図1-13(d)に示すように、水槽という構造物もあります。温められた清水で満たされていて、極端な波を造ったり、風を起こしたりすることのできる施設です。深さが２m以上あり、入水するための専用のはしごが設置されていなかったりします。競泳や泳ぎの練習をするために設計されていませんので、プールとは呼ばれません。

プールの水は常に循環ろ過されて清潔を保つようになっています。この循環ろ過装置で、プール水全部をろ過するには通常６時間かかります。プールを日頃から管理しているのが、プールを管理する職員ですから、管理者の気持ちを考えて、ういてまての練習を行わなければなりません。

1-6 本書の構成

本書は、これからういてまてを勉強してみようという方を対象に書かれています。第２章でういてまての実技について勉強し、それを参考にして自分自身で試してみるとすぐに会得できるようになっています。

ういてまてが何であるかを一とおり理解して、ういてまての主たる実技である背浮きがうまくできるようになると、誰かに教えたくなるものです。そうなれば、まずは自分の子どもの指導に挑戦したくなります。子どもがうまく背浮きをするようになれば、今後は近所の子ども会の行事でういてまてを披露して、やがて近所の小学校にて授業の１コマを使って教室を行うようになるでしょう。

ういてまては誰にでも簡単に体得できるようになっていますし、誰にでも教えられるように本書は組まれています。本当の水難のときに絶対に役に立ってくれないといけないからです。しかしながら、水難を想定して実技が組まれているということは、練習中は常に水難の危険と背中合わせであるということを忘れてはいけません。そしてここで公開している実技は全て検証されて生還に役立つことが根拠を持って証明されているものばかりです。つまり実技を支える裏方には市民が知らなかった多くのことが存在するのです。

第３章から第５章までは、ういてまての指導をしたくなった方向けの内容です。ういてまてを指導する際に必要な指導の流れと指導上の注意について、受講者の対象ごとに記載されています。第６章から第８章ではういてまての奥の深さにさらに触れたい方向けの内容です。このういてまての理論と実践が社会でどう役立つのかについて記載されています。

本書では一貫して安全管理に対して注意を喚起しています。しかしながら、これぱかりは文章を読んだだけでは駄目で、継続してういてまてに関わろうという方はぜひ水難学会指導員養成講習会を受講して、安全管理について身をもって勉強していただきたいと思います。

第2章

基本技術

ういてまてを体験してみようという人がまず実施すべき六つの基本技術とその組み合わせからなる応用技術についてまとめました。技術を正確に実践できるように一つ一つの動作を細かく描写しています。

第2章 基本技術

図2-1　ういてまての基本技術　(a)入水、(b)ウエイディング、(c)潜水

うい てまての実技は、実際の事故を想定していますから、一見複雑そうです。でもこの実技を分解していくと六つの要素にたどり着くことができます。この要素のことを基本技術と呼びます。換言すれば、ういてまての実技は基本技術を構成する六つの要素を組み合わせて作られています。そして練習する人の年齢や経験によってその組み合わせが多岐にわたります。六つの要素とは次に示すとおりです。

- 入水
- ウエイディング
- 潜水
- 背浮き
- 浮身
- 移動

入水とは水に入る瞬間のことで、泳ぐために自ら水に入る場合を想定した訓練と、事故で不意に水に転落・沈水する場合を想定した訓練とからなります。小学校低学年などの初心者は図2-1(a)のようにプールへの入り方から覚えて、経験とともにプールサイドからの転落入水（落水）、さらに高いところからの入水へ進みます。

ウエイディングとは背の立つ水底（浅瀬）を歩行する実技のことです。水害で水に漬かったところを歩いて避難するときを想定しています。初心者は図2-1(b)のようにプールの歩き方や鬼ごっこなどで水慣れし、経験とともに深みにはまったときの対処法である、回復動作との複合練習に進みます。

潜水は自分の体の浮き沈みを知る訓練です。初心者は単純に顔を水中に没する実技や図2-1(c)のような宝探しから入り、経験により1.5m程度の潜水へと進みます。肺の中の空気を吐き出して沈んでいく様子と次の要素である背浮きで浮かぶ様子とを対比することで、水の中の身のこなしにおける呼吸法の重要性を理解します。

キーワード

ウエイディング

英語でwadingと書く。水底を歩いて移動する行為を指す。日本語では、wade（水底を歩く）という言葉にぴったりな単語がない。

図2-1(d)に示す背浮きはういてまてで最も多く実施され、かつ重要な実技です。背中を水底方向に向けた状態であおむけになって水面に浮きます。体力の消耗を防ぎ、呼吸を確保するとともに周囲の状況を確認することができます。経験とともに浮具ありの背浮きから浮具なしの背浮きへと実技レベルを上げていきます。さらにいったん水中に沈む、沈水から背浮きに移るための回復動作や手の動きで背浮きを補助するスカーリングにも挑戦します。

浮身は背浮き以外の浮き方の実技のこと全てを指します。呼吸ができるか、できないかの区別はつけません。呼吸することができない伏し浮きやクラゲ浮きから、難易度が高いが呼吸ができて周囲の状況を正確に把握できる立泳ぎまであります。図2-1(e)は逆クラゲ浮きといって、口と鼻だけを水面に出して浮く方法です。背浮きに慣れてきたら、より難易度の高い方法に挑戦します。

移動は水面で位置を変える実技です。呼吸を確保したまま腕のかきや脚の動きを使って岸に近づく訓練を行います。図2-1(f)に示すエレメンタリーバックストロークや顔あげ平泳ぎなど、競泳では聞くことのない移動方法がいくつかあります。大津波などの大規模災害では、流されたらこのような移動方法でより安全な場所に移る工夫が必要になります。

いくつかの要素を体得したら、複合練習や陸からの救助のされ方・仕方の練習に移ります。複合練習では、実技の要素を組み合わせて実践的な実技に仕上げます。例えばウエイディング、浅瀬から深みへの沈水、回復動作の３種類を組み合わせると、水害時に歩いて避難している際に急に深みにはまったときの対処の仕方を勉強することができます。救助練習では、陸からの救助の仕方よりも救助のされ方を重点的に勉強します。投げられたペットボトルの受け取り方やロープの受け取り方を実践さながらで実習します。

図2-1　続 ういてまての基本技術 (d)背浮き、(e)浮身、(f)移動

キーワード

浅瀬

河川、湖沼、海などで水深が浅いところ。人にとっての浅瀬は、普通に水底に立って顔を水面に十分出せるところを指すが、歩行を想定した場合の浅瀬とは膝から下の深さの水辺を指す。

キーワード

順下

日本泳法の端技の一つ。順下とは下から順に入水するという意味で足先より入水していく方法。顔は最後まで水に没しないので、溺水や頭部損傷の危険性が低い。

防波堤

海岸を波から守るための施設。一般的に安全対策が取られていないので、立ち入り禁止になっている。

パニック

ストレスによって自己のコントロールが効かなくなり、環境に対処することが不可能になる状態。溺水では初期段階でパニックによって体の動きが止まる。

2-1 入水

入水とは水に入る瞬間のことで、溺水につながる確率が最も高い瞬間でもあります。入水をタイプ別に分けると、泳ぐために自発的に水に入る場合と事故で不意に水に転落する場合とがあります。

プール指導が行き届いていてしっかりと集団行動が取れれば、自発的に入水するときに事故は発生するものではありません。ところが自分で勝手に行動が取れるような状態にあると、深さを確認せずにいきなり飛び込んだりして溺れることがあります。つまり、水への入り方をしっかり学び、実践しないと人は溺れるといっても過言ではありません。

不意に転落した場合、着衣状態で浮きやすいにもかかわらず、慌ててしまい浮身ができないで沈むことがあります。スッと沈んでしまうので、周囲にいる人たちが驚いて飛び込んでしまい、次々と同じ運命をたどって亡くなる事故が後を絶ちません。

入水に対する訓練の成果次第で、溺水によって命を落とすリスクを将来にわたって大きく減らすことができます。ういてまて教室では、小学校低学年から入水のメニューを準備して、学年が進むにつれてより高度な入水に挑戦できるようにプログラムが組まれます。水に入るときには緊張しながら、また入っても落ち着いて次の判断ができるようになります。入水の瞬間の行動によって命が左右されるので、一番力を入れて指導したい実技です。

入水の練習には、次に示すようにいくつかの種類があります。

- プールサイドからの入水
- 浅瀬からの入水
- 高いところからの入水
- 転落入水

プールサイドからの入水では、プールのように垂直に水深が深くなっている水辺からの入水方法を学びます。この実技は泳ぐために自主的に入る場合を想定しています。この実技を通じて、泳ぐときには「水の深さを確かめながら入水する」という大原則を小学校低学年から徹底的に体と頭に刷り込まなければなりません。

一方、不意に水に落ちてしまったときを想定した実技として、浅瀬からの入水、高いところからの入水ならびに落水の三つがあります。

浅瀬からの入水は、水の中を歩いていて急に深みにはまった状態を想定しています。図2-2(a)に示すように、例えばプールフロアなどを利用して作った浅瀬からプールの水底へ落ちる訓練があります。プールの水底を急な深みに見立てます。浅瀬を歩行するウエイディングと組み合わせて練習することで、より実戦に近づきます。

高いところからの入水は、水面より高いところから直接、順下で水中に没することを想定した訓練です。普通の生活の場面では着衣状態で高いところから飛び込むことはほとんどありませんが、防波堤から転落する事故はわが国の水難の多くを占めます。従って、入水後にパニックに襲われないように、高いところから水に入るという状況に慣れることを目的に訓練します。小学校低学年なら、図2-2(b)のように、プールサイドから飛び込みます。年齢が上がるとともに高さを増していきます。入水した後は全身の力を抜くことで背浮きに移行することができます。

落水では、自分の意思とは全く異なる状態で突然入水してしまった場合を体験します。バランスを崩す瞬間、水面に到達するまでの身のこなし、着水してからの身のこなしについて慣れていきます。図2-2(c)のようにバディーに自分を押してもらって、前向き、横向きなどのいろいろな体位で入水します。入水した後はしばらく背浮きでゆっくり浮いています。

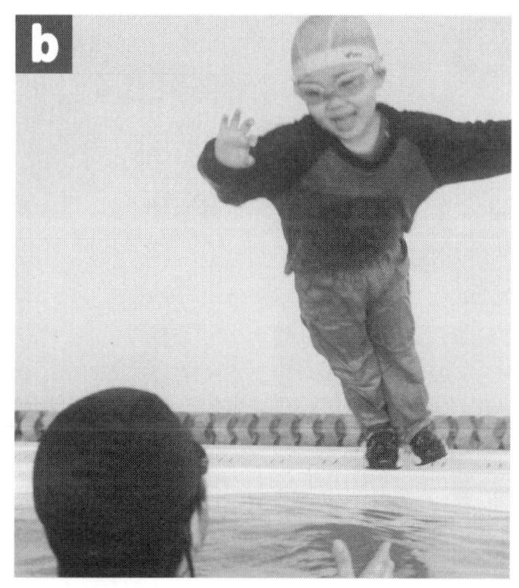

図2-2　さまざまな入水の練習メニュー　(a)浅瀬から、(b)陸から、(c)転落入水

2-1-1 プールサイドからの入水

慣れていないプールか、慣れているプールかの違いで入水時の事故の発生確率が大きく変わります。

慣れていないプールの代表であるレジャープールあるいは競技プールでは、水の深さを確認しないで入水したときによく溺れます。更衣室からプールサイドに勢いよく出てくる子どもは、その勢いでプールに突進していきます。プールに入水する前に一度動作を止めて、じっくりとプールの深さを確認すれば、入水時の溺水事故は未然に防げますが、多くの場合プールに入れるうれしさから、深さを確認せずにそのまま飛び込んでしまいます。

いつも通い慣れている学校のプールや近所の公立プールだから、何事も起こらないのです。初めてのプールや初めての水辺だと、水の深さを確認しなければ最悪の場合には溺水につながります。入水に関連する事故は、学齢前より頻繁に起こります。そして成人になってもなくなることはありません。入水は、全年齢をとおして最も溺水につながる危険性の高い瞬間だといえます。

水に入るときには深さを確認しながら体を沈める癖をつけなければなりません。これで水の事故の多くが防げます。プールサイドより入水する方法には、はしごを使う方法と使わない方法があります。図2-3(a)に示すように小学校低学年でははしごを使う入水方法から学びます。それより年齢が高いグループには図2-3(b)～図2-3(d)のようにオーバーフローからの入水方法を身に付けます。小学校ばかりでなく成人の講習会でもこの入水方法を必ずメニューに組み込みます。

このように、ういてまて教室では、年齢、経験を問わずプールへのさまざまな入水の方法を必ずプログラムに盛り込み「水の深さを確かめながら入水する」という大原則を社会で共有していきます。

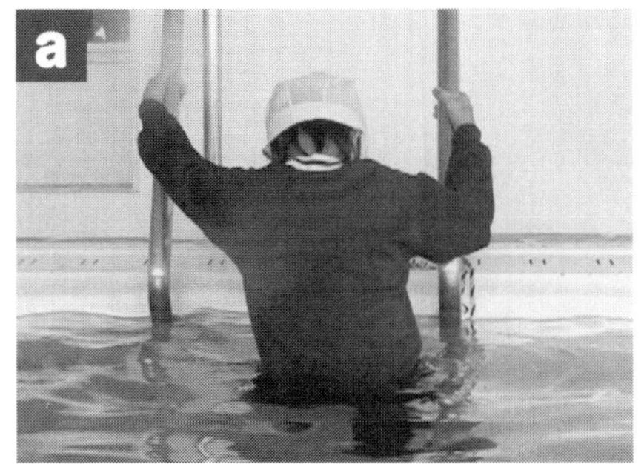

b

図2-3　プールサイドからの入水の様子

2-1-2 浅瀬からの入水

この実技を体得して、深みにはまって溺れないようにします。自然水域の事故で、よく「深みにはまって溺れた」という表現の仕方をします。転落とともに、入水直後の溺水の主たる原因に挙げられています。よく聞く深みという言葉ですが、深みとはどれくらいのことをいうのでしょうか。ういてまて教室で受講生に聞いてみると、だいたい5mくらいではないかという感覚を持っている人が多いようです。

実は、深みとは身長より少し深くて、水底に目をやれば周囲よりほんの10cm程度以上くぼんでいる箇所を指します。図2-4の断面図に示すように、海や川には水底にくぼみが至るところにあります。このくぼみのことをトラップといいます。このトラップにはまり姿が見えなくなることを沈水といいます。人の背の高さとトラップの深さの関係を図で見れば、沈水が溺れる原因になることが理解できるでしょう。

プールにも似たような箇所があります。例えば、競技プールで端が1.4m、中央が2.0mの深さのプールがあると、最も溺水の危険性が高いのがだいたい1.6mの水深のところです。このようなところでは、成人が爪先立ちでやっと顔が出るようなところですが、距離でほんの1mでもプールの深い方に寄れば顔が水面に出なくなります。水深にしてみればせいぜい10cm程度深くなるだけですが、顔が出ると思って立とうとしたら顔が水面に出なかったという、急に起こった出来事でパニックを起こして溺れてしまうわけです。

プールでは、図2-5に示すようにプールフロアなどを利用して浅瀬を作り、水中にて急に深くなるトラップを作ります。これを利用してトラップに沈水する状況を体験します。沈水から生還するために、ペットボトルなどの浮力のある物体を持って浮き上がる方法と、回復動作と呼ばれる、腕のかきで浮き上がる方法を勉強します。

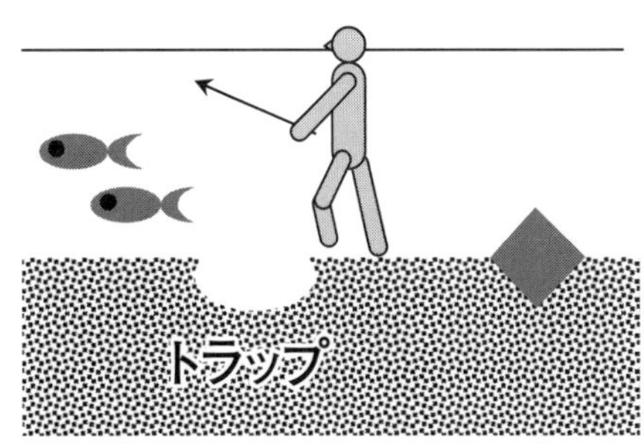

図2-4　海や川の水底の様子を示した模式図

図2-5　トラップにはまったことを想定した練習

図2-6　堤防から海に転落する様子

図2-7　高いところからの入水の様子

2-1-3 高いところからの入水

着衣状態で高いところから落ちても、少しの工夫ですぐに浮き上がることができます。落ちた本人も周囲で見ていた人も驚くくらい見事に浮き上がります。

自然水域での転落では、間違いなく水面よりも高いところから水に落ちます。それは、地面が水面と同じ高さでは洪水になるので、普通は堤防などを築いて水面より高くしているからです。この実技は、図2-6で示すように、釣りをしていたり、堤防を散歩していたりして思いもかけずに水に落ちる事故を想定しています。海にて釣りや魚捕りをしている最中に落ちて命を落とす例が多いことから、自然水域でのういてまての訓練では最も重要な実技に位置付けられており、プールでの訓練もそれに移る前の基礎的な実技とされています。

実技の練習では、プールサイドやスタート台より、足から順下入水します。この際運動靴など、水に浮く靴を必ず履いてください。小学校１～３年生ではプールサイドのオーバーフローから、４年生以上ではスタート台の上から飛び込みます。図2-7に水中の様子を示します。入水後、一度水中に潜りますが、力を抜けば図2-7(b)のように靴の浮力で足は水面に対してほぼ水平に進んでいきます。ここが少しの工夫となります。足の進みがほぼ止まると同時に自分の浮力により浮上が始まります。浮き上がるときに、衣服の間にたまった空気や靴の浮力が大きな力になることを実感できます。こつをつかむことができれば、体の力を抜いて自然に浮き上がり、背浮きになれるのです。

高いところからの入水の練習は、胸から首が漬かる程度の深さで背の立つプールで練習してください。足が着かない場所で浮上に失敗すると溺れることがあります。また、入水時に無理に体を垂直にすることがないようにします。体が垂直になると深く潜ることになり、浮上に時間がかかります。

2-1-4 転落入水（落水）

水難に遭遇する多くの人は、既に示したように、衣服を着た状態で水に転落します。落水は、突然転落入水してしまった場合に対処するための練習項目です。プールサイドからバディーに押してもらっていろいろな体位で入水します。落ちるときに図2-8(a)に示すように全身で水を受けるのが基本です。全身で水を受ける際には体を反らせないように、かつ図2-8(b)のように腰を曲げないようにします。必要以上に反らせると鼻に水が大量に入って痛い思いをしますし、腰が曲がると着水後に背浮きに移ることができなくなります。

落水の練習は小学校高学年から始めます。全身で水を受けるのですから、落水のときには必ず着衣状態で落ちるようにします。全身で水を受けると服に空気が入る効果も合わさり、水中に潜り込む深さが浅くなります。逆に水着の状態の体全体で水の衝撃を受けると、水に深く潜るし、体が赤くなるほどの痛い思いをします。

着水したらしばらくじっとして体が水面に浮くのを待ちます。服の間にある空気が瞬間的な入水で逃げ場を失い、服の間に大量に残りますから、その浮力で浮き上がります。その間、人によっては鼻に水が入って少し痛さを感じるかもしれません。

図2-9にさまざまな落水の練習方法を示します。2人1組で、一方が軽く押す役となり、もう一方が転落役になります。前向きや横向きで入水したときには、体を回転させて背浮きとなります。

陸からの救助と組み合わせたり、エレメンタリーバックストローク（57ページ）や顔あげ平泳ぎ（58ページ）に体勢を変えてゆっくり岸に泳ぐ実技と組み合わせたりします。いずれにしても、落ちた後に10秒程度浮きながら心の平静を保つ時間を作るようにします。

図2-8　落水直後の様子
(a)腰を引いていない良い例、(b)腰を引いている悪い例

図2-9　さまざまな転落入水の様子　(a)、(b)前から、(c)、(d)横から

2-2 ウエイディング

水に落ちたとき、水底に足の着く場合と着かない場合とがあります。すなわち、水底には足の着く浅瀬と着かない深みがあることを日頃からしっかり認識しなければなりません。そして浅瀬では歩いて安全なところまで移動することを考え、深みでは浮いて救助を待つことを考えます。

ウエイディングは、浅瀬を歩いて移動するときに使う実技です。レクリエーションで遊ぶときのほか、水害時の歩行避難のときがそれに当たります。レクリエーションでは、磯の岩場で生物を採取したり、図2-10(a)のように比較的浅い川を渡ったりすることがあります。場所によっては水底を目で確認することができますが、波や流れがあって自分の体を安全に確保することが難しい場合があります。一方、水害時には自治体からの避難勧告や避難指示に従い避難所に避難することがあります。既に道路が冠水していると、泥水のために水底を確認することが困難な場合があります。流れがあってもなくても水底にある側溝や一段低くなった畑などの存在に気が付かなくて、そこに間違ってはまり込むこともあります。深さがあれば命を落とすことにもなりかねません。プロでも救助活動の現場では図2-10(b)のように救命胴衣を着用して歩きます。

ここでは水底に足が届くところで行う、ウエイディングとその関連の実技について説明します。水底に足が着くところでの練習には、次に示したようにいくつかの種類があります。図2-10(c)〜図2-10(g)に例を示します。

- ウエイディング
- かけっこ・鬼ごっこ
- フロアウエイディング
- 濁りウエイディング

図2-10　さまざまなウエイディングの様子

図2-10　続 さまざまなウエイディングの様子

そもそも上下の衣服を着て、靴まで履いて水の中に入ること自体、非日常的ですから、着衣状態で水に入るとそれだけで体の動きが止まってしまいます。特に衣服が体に張り付く感触が気持ち悪いものです。従って、ウエイディング時には簡単な運動から入って、体を慣らしていきます。

図2-10(c)のように小学校低学年では腰の高さほどの深さで練習します。まず、ゆっくりと５歩程度歩く単純なウエイディングを行います。衣服のまとわりつきはこの程度で気にならなくなります。中学年から上では胸の高さくらいのプールで練習します。図2-10(d)のように一列になってプールサイドに沿ってプール内を歩いてみます。プールの深さは一定ではありませんので、深さを確認しながら歩いていきます。胸より深いところには行かないようにしましょう。集団で練習しているのであれば、慣れてきたころを見計らってプール全体を使うかけっこや鬼ごっこに展開していきます。

小学校高学年以上では、実技にプール洗濯機（プールで作る渦巻き）や障害物を取り入れます。プール洗濯機は大勢のウエイディングでプールを周回して流れを作る実技です。詳細については、3-2-2で述べます。図2-10(e)と図2-10(f)に示すフロアウエイディングは障害物メニューの一例になります。複数のプールフロアを水底に並べて、フロアとフロアとの間にトラップを作っておきます。練習するときには、トラップに落ちないように注意深くウエイディングしていきます。

濁りウエイディングという変わった実技があります。これは、水を入浴剤などで濁らせてそこを歩いていく訓練です。図2-10(g)のように張り渡されたロープをつかみながら歩く実技は本番さながらの迫力を持ちます。

水底を歩く練習は、小学校高学年以上では少々物足りなく感じるようです。学年が進むにつれてゲーム性を取り入れたメニューや、緊張して練習できるメニューに変えていくよう、工夫していきます。

2-2-1 基本的なウエイディング

図2-11に示すように、水の中を歩く練習です。

初めてういてまてに挑戦した子どもたちは、水に入ってからその場でしばらくはしゃいでいます。服が体にまとわりつく感じや服が水を吸って重くなる感じが日常と異なり、その感触を楽しんでいるようです。しばらく感触を楽しむ時間を作ってから、集団行動に移ります。

全員が水の中に入ってからすぐに行ううういてまて実技の定番ともいえます。慣れの程度に応じて、オーバーフローにつかまりながらのウエイディングと何もつかまらずに歩くウエイディングとを使い分けます。

図2-11(a)、図2-11(b)のようにオーバーフローにつかまりながらウエイディングを行うときには水深に注意します。特に小学校低学年ではプール中央付近で背の届かない児童も出てきます。従って、集団で練習するときには指導者のすぐ後ろに背の低い児童が来るようにします。指導者は児童の列の方を向きながら（後ろ向きで歩くということ）先頭を歩き、安全を確保しなければなりません。先頭の児童の胸より深くなってきたら、元の位置に戻るようにするか、図2-11(c)、図2-11(d)のようにそのままオーバーフローから離れ、プールの横方向に歩き始めます。

小学校１年生の夏休み前では、プール指導が初体験という場合もあるわけです。高学年と共通のプールを使う場合には背が立たない子どもがいることに十分留意しなければなりません。また初体験のプールで着衣のまま身をこなすのは恐怖そのものである場合もあるわけで、そのような場合にはまず水着で練習を行い、慣れてきたら着衣で練習するように変えていきます。余裕が出てきたら、全員で歌を歌いながらウエイディングを楽しみましょう。

図2-11　基本的なウエイディング

図2-12　かけっこ、鬼ごっこ

2-2-2 かけっこ・鬼ごっこ

ウエイディングに慣れてきたらかけっこに挑戦しましょう。かけっこの目的は着衣状態での水中の身のこなしに慣れることと水の抵抗をできるだけ小さくする体位を習得することです。

図2-12(a)に示すように、練習は片手から両手間隔に広がった列ごとでプールの横方向（25mプールなら13mくらい）を走ります。着衣状態では、「走る」というより「もがく」に近い運動になります。衣服にまとわりつく水の抵抗を楽しみながらもがいていきます。

かけっこには前向きかけっこ、横向きかけっこ、後ろ向きかけっこの３種類があります。方向によって水の抵抗が変わります。そのためそれぞれで身のこなしが異なってきます。たいていの子どもは図2-12(b)のように前向きになってかけっこをします。２回目、３回目で図2-12(c)のように横向きや後ろ向きに挑戦していき、水の抵抗の違いを体験します。また前、横、後ろを混合しながら競走するゲームもできます。

図2-12(d)の鬼ごっこでは、プール全体を使っていろいろな方向に走ることになります。最初に３人の鬼を決めておいてタッチされたらその子どもも鬼になって他の子どもを追いかけるような約束にしておくと30秒くらいで終わります。この実技では急な方向転換などが必要になることもあります。そういった身のこなしをしながら自分の思いどおりに体の位置や体位を調整することができるようにします。小学校低学年では逃げる範囲を限定して深いところに入り込まないように注意しなければなりません。一部の児童の背が立たない部分があるのであれば、鬼ごっこはやらないようにします。

2-2-3 フロアウエイディング

小学校高学年児童向けには、高学年にふさわしいウエイディングの練習項目を準備します。水底歩きをするときにバランスを取りながら歩くルートを作ったり、トラップが所々にあるルートを作ったりするといいでしょう。背の立つプールでは、水底に平均台を沈める方法（木製の平均台は沈まないので使えない）があります。この平均台の上を落ちないようにルート取りを行いながら前進していきます。服がぬれて重たくなっている分だけバランスを取るのが難しくなります。一方、背の立たないプールでは図2-13(a)に示すように水底にプールフロアやベンチを沈めて、それらを並べるときに図2-13(b)のように0.5～1m程度の隙間を作っておきます。これがトラップとなりますので、渡るときにはそれに注意しながら渡らなければならなくなります。

フロアウエイディングの訓練は、自然水域で水底を歩行するときに役に立ちます。水害時に避難するとき、水底の深みや障害物は泥水のために確認することができません。歩道と車道の間にある側溝の位置もつかめませんし、下水から水に押し上げられてふたが開いてしまったマンホールの存在にも気が付きません。さまざまな目に見えないトラップに注意しながら歩くためにも、図2-13(c)に示すようにゆっくりと足元を確かめながらウエイディングする癖をつけてください。また慣れてきたら図2-13(d)に示すように後ろ向きに歩くようにしてみてください。トラップに対する緊張が断然高まり、大人でもわくわくする実技に仕上がります。

プール洗濯機を組み合わせて流れを作り、流れに対して横方向に渡ることになるようにプールフロアを沈めて、流れを横切る複合練習に展開することもできます。トラップに落ちても背が立つようなプールで練習してください。

図2-13　フロアウエイディング

図2-14　濁りウエイディング

2-2-4 濁りウエイディング

春夏秋冬全ての季節を通じて実施することのできる実技です。防災フェスティバルのような催し物で体験型ブースに使えます。

図2-14(a)に示すように即席のプールを４脚のはしごと大型シートで作り、深さ20cm程度に水を張ります。水を入浴剤で濁らせて水底が見えないようにします。ウエイディングをするときには、長靴を履いて歩きます。これだけでも十分怖く感じます。水中にがれきを置くことによってさらに臨場感を出すことができます。ポンプを利用して流れを作ることも可能です。

杖をついて前方を確認しながら歩くとだいぶ安心感が出ます。図2-14(b)のように入水位置から退水位置までロープを張り、それにつかまりながら歩くとさらに安心です。小型のリュックサックを背負ったり、空のペットボトルを手に持ったり、図2-14(c)のように大型の浮力体を持ったりして、万が一の沈水に備える訓練も重要です。親子で入り、図2-14(d)のように子どもを背負ってウエイディングする体験も、地域の休日の催し物では大変喜ばれます。

設営の仕方を説明します。まず適切な長さのはしごを４脚準備し、これらを使って四角を組むようにお互いをロープと杭（くい）を使って固定します。続いて大型シートをはしごの上からかぶせてプールになるようにします。これで完成です。この状態でポンプなどを使ってシート内に水をためます。濁りを出すために入浴剤を入れます。濁り具合を見ながら、これらをゆっくり入れて、溶かしていきます。白い入浴剤は少量でもすぐに濁りの効果が出ます。なお、入浴剤などは、終了後にどこに排水すればよいか、あらかじめ地元自治体に問い合わせて、その指示に従ってください。

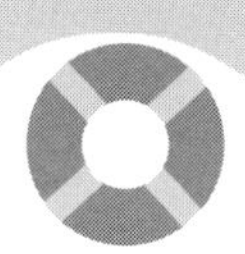

2-3 潜水

水の中で自在に振る舞うのに、呼吸法が大変重要な役割を果たします。胸いっぱいに空気を吸えば浮かびますし、吐ききれば体は沈みます。潜水は、自分の体のかさ比重を自分でコントロールするための訓練です。

潜水の実技自体は自己保全の目的に利用することができませんが、空気を吸うことで体内の空気が浮力を作る（かさ比重が小さくなる）、空気を吐くと水より重くなる（かさ比重が大きくなる）という理論を、体をもって確認できます。

潜水と関連する実技には次の項目があります。

- 水中ジャンケン
- 宝探し
- 潜水

水中ジャンケンと宝探しは小学校低学年の実技になります。ジャンケンをしているとき、宝を探しているとき、それぞれで息こらえをしますので自然と息こらえの練習ができます。さらに水底の宝物を手で取ろうとするときに空気を吐いて自分のかさ比重を大きくすると取りやすくなるなど、水中での身のこなしを理解できます。

潜水の練習は、足の着く深さのプールで行います。潜水の方法には2種類があります。水面から頭が下になるように体をほぼ垂直にして、腕でかいて沈んでいく方法と、ジャンプして勢いをつけ肺の中の空気を吐きながら足から沈んでいく方法があります。前者は深いプールで選択され、後者は浅いプールで選択されます。ういてまて教室では浅いプールを使う場合がほとんどなので、後者の方法を学習することになります。

潜水の練習を行うときには、ノーパニック症候群の発生に注意します。無理は禁物。あまり無理をしないで、息が苦しくなったら水面に上がるように指導します。

キーワード

比重

標準物質の質量を1としたとき、それと同じ体積を持つ物質の質量。普通は標準物質として4℃における水を使う。つまり比重が1より大きい物質は真水に沈む。

かさ比重

人の体には肺があるため空気を含んだ体積で比重を計算することになる。空気を含んだ比重をかさ比重という。それに対して、空気を含まない、骨や筋肉だけの体積から計算した比重のことを真比重という。

ノーパニック症候群

潜水（素潜り）時の事故の原因の一つ。血液が高度の酸素不足なのに、息苦しさを感じることなく意識を失ってしまう状態。潜水前に深呼吸を必要以上に繰り返すことにより、血液中の二酸化炭素が減少しすぎて起こる。

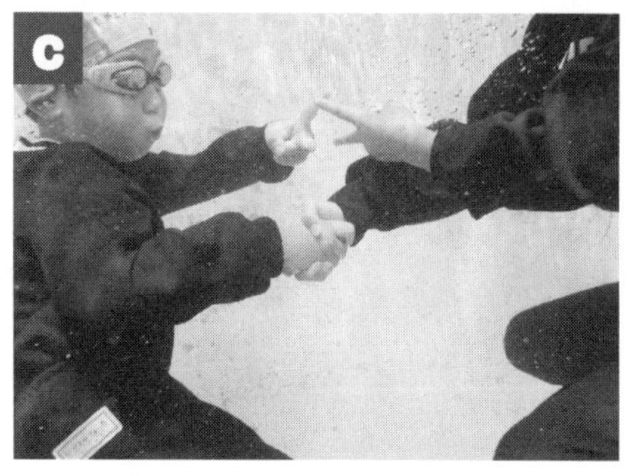

図2-15　水中ジャンケンの様子

2-3-1 水中ジャンケン

(1) 配置

水中ジャンケンは通常の水泳の授業でも行われているようです。水中ジャンケンを行うときには、図2-15(a)のようにバディーで１組になります。全員が第１コースのようにプールの一番端のコース上に２列で並びます。指導者は全員から見えるように列の端に位置します。

(2) 水面上ジャンケン

まず練習です。図2-15(b)のようにバディー同士で握手をします。「バディーは自分の安全を確認してくれるのだから、握った手は離さない」と教えてあげるとバディーの意味をすぐに理解できます。握手したままもう一方の手を使って、まず水面上でジャンケンをします。指導者の掛け声とともに全員一緒に行います。ジャンケンが終わったら「ジャンケンで勝っても負けても、ずっと手を握ったままのバディーが素晴らしい」とコメントすると子どもは喜びます。

(3) 水中ジャンケン

バディーの手を握るのは、相手の行動が水中でも分かるようにするのとお互いが離れないようにする目的があります。水中で手を握り合うのは安全確認の第一歩です。水面上でジャンケンした後は図2-15(c)に示すように握手をしたまま潜って水中でジャンケンをします。ゴーグルを着用して潜ります。低学年のうちは勝っても負けてもあいこでも一度ジャンケンをしたら水面に浮き上がるように指導します。指導者の掛け声で一斉に潜ってジャンケンします。

キーワード

ゴーグル着用

潜水時に水泳用ゴーグルの着用を勧める。眼球を水中のさまざまなものから保護することが重要。この現代において水中でゴーグルなしで目を開ける必要はない。

2-3-2 宝探し

図2-16　宝探しの様子

(1) 宝になる品物

宝探しはかけっこと水中ジャンケンの複合形といえます。宝探しの宝には、図2-16(a)に示すようなカニや魚の形をした小道具や缶ジュースあるいは500mL程度の中身の入ったペットボトルなどがいいでしょう。ペットボトルの中身はジュースである必要はなく、プールの水を入れておくだけでもいいです。無色透明のペットボトルは水中で一番見えにくい小道具になります。たくさん取った人が勝ちというようなゲーム性を持たせます。

(2) 整列

宝探しを行うときには、衝突事故が起こらないように気を付けます。特に興奮しているスタート時が最も危険です。図2-16(b)に示すように一列に整列させて衝突防止を図ります。全員をオーバーフローに待機させて、指導者が宝物を水に投げていきます。指導者を中心に四角く囲むといったイメージでとらえてもよいです。スタート時には衝突が起こらないことをしっかりと確認します。安全が確認できたら、掛け声とともに一斉にスタートします。

(3) 探索中

プールの中の宝物は、潜らない限りどこにあるのか分かりません。図2-16(c)のように受講者は潜ったり立ったりの連続で忙しくて、全ての宝物を発見できるとは限りません。そこで、指導者は時々残っている宝物の位置を知らせてあげます。

(4) 回収

宝物を集めます。競技水泳と違ってういてまででは、できることより慣れることが大事です。その学年でできなくても、進級して次の学年になれば自然とできるようになるものです。

図2-17　潜水の手順

2-3-3 潜水

(1) 潜水の方法

足から潜るフィートファーストダイブと頭から潜るヘッドファーストダイブの２種類があります。足の届くプールではフィートファーストダイブで練習します。潜水は潜ることで、水中を進むことは潜行といいます。

(2) ジャンプ

フィートファーストダイブの場合には、足から沈んでいきます。図2-17(a)のように軽くジャンプして上半身を水面上に出します。図では胸の下くらいの水深ですから、30cmくらいジャンプしていることが分かります。下がり始めたら沈みながら足を後方に反らせていきます。うつぶせ体位になっていきます。

(3) 呼気

図2-17(b)のように全身が水中に没してから呼気を始めます。最初から全ての空気を吐き出すような感じでいきます。それでも全部吐ききるのには５秒くらいはかかります。長く感じます。水底が近づいてきたら、体を大の字にして着地準備に入ります。こつをつかめば自然に体が沈んでいきます。

(4) 静止

着地したならば、図2-17(c)に示すように全身を大の字にしながらしばらく水底にへばりつきます。息を吐ききっていても最初は苦しくはありません。水底で５秒くらい静止します。苦しさを感じてきたら浮上する準備を始めます。

(5) 浮上

両腕を使って上半身を起こし、図2-17(d)のように手で水底を押して弾みをつけながらゆっくりと浮上します。水面に顔を出すことができたら、立ちます。

2-4 背浮き

陸から水に落ちたとき、足の届かないところでは、浮いて救助を待ちます。ここでは足の届かないところでの実技として、背中を下にする浮き方である背浮きについて説明します。

水の事故に遭ったとき、泳いで何とかしなさいという指導が過去にはありました。その当時は、消防組織が十分に整備されていなかったし、通信手段も限られたので、自分の力で岸に這い上がらない限り誰も助けようがなかったのです。だから、その教え方は当時では正しかったわけです。

現代ではこれは正しいことではありません。いまや消防組織が十分に整備されました。携帯電話ですぐに119番通報できるようになりました。救助隊が現場に到着するまでの時間がこの数十年の間に短くなりました。着衣によって体を動かす自由が制限されるため、短時間でも泳ぐことが難しいのに加えて、岸にたどり着いても岸に上がれるような構造になっていない場合が多いので、総合して考えたときにやはり浮いて自己保全し、救助を待つことが賢明なのです。

かさ比重を考えれば、ヒトの体は工夫することによって水に浮きます。着衣状態では衣服の間にたまった空気の効果も合わさって、より浮きやすくなります。靴も水に浮くものがほとんどになりました。せっかく浮くのだから、背浮きになれば呼吸しながら救助を待つことができます。実際に着衣の状態で遭遇した水の事故からの生還例には、背浮きで浮きながら救助を待っていたものが多いのです。

背浮きには、図2-18に示すように(a)(b)浮具背浮き、(c)浮具なしの靴背浮き、(d)手を補助的に動かしながらの背浮きがあります。学年や実技の習得具合によって選択していきますが、導入では浮具を使用する背浮き、慣れてきたら靴を使用する背浮きに移行します。

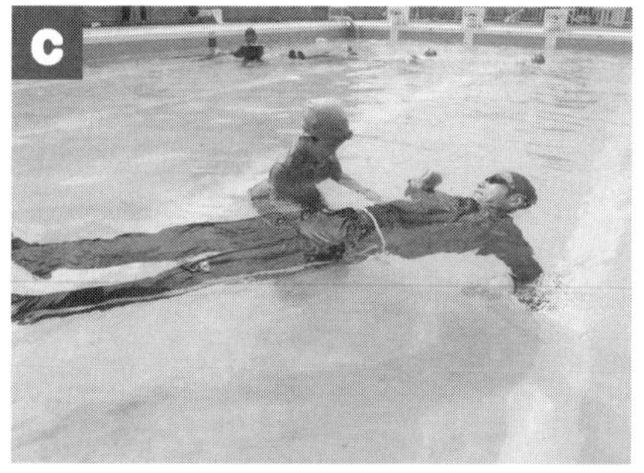

図2-18　さまざまな背浮きの様子

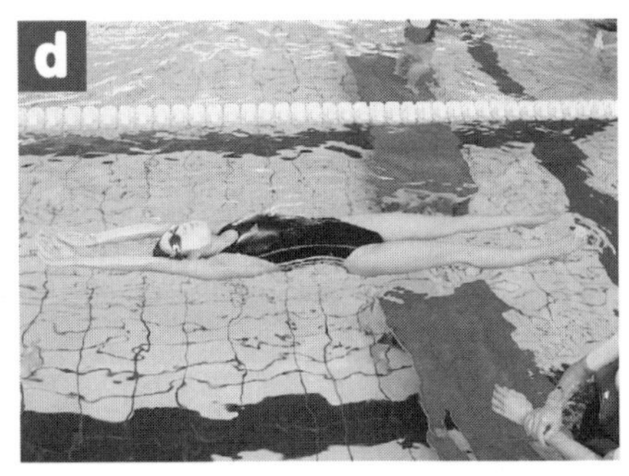

図2-19　さまざまな背浮きの例

2-4-1 背浮きの種類

(1) 浮具背浮き

着衣状態で行うことを最終目標にしますが、慣れないうちは、補助浮力を利用します。図2-19(a)のように水着で靴を履いた状態にして、ビート板を使って練習します。この実技なら全員浮くことができます。この体勢でまず背浮きに慣れます。あおむけになって耳が水中に入ると通常の生活とは違った感覚に陥りますので、そういう状態でも落ち着いて浮くことを覚えます。

慣れてきたら着衣状態で、図2-19(b)のようにかばんなどを浮具に使いながら背浮きを行います。かばんはビート板に比べて浮力が小さくなるので、持つ手の位置はできるだけ体に近くにするようにします。手を水面から出せば出すほど体が水中に沈んでいきます。

(2) 靴背浮き

浮具を用いないで浮く練習です。着衣状態で行うことを最終目標にしますが、慣れないうちは、図2-19(c)のように水着で靴を履いた状態で練習します。ある程度の浮力のある靴を選択していれば浮くことができます。なお、この実技はフィニングやスカーリングを練習する際の基本実技になりますので、全員が体得できるよう練習しなければなりません。

(3) 浮具なしの背浮き

水着で行います。背浮きの中で最も難易度の高い実技です。図2-19(d)のように両腕を万歳のようにして挙げて、体のバランスを取りながらあおむけに浮く方法です。もともと体の真比重が小さくないとできませんので、比重が比較的大きい筋肉質の人には難しい場合があります。受講者の体型や雰囲気を見て、できそうであったら実技として取り入れます。

2-4-2 背浮きの補助動作

基本的には、着衣状態で運動靴を履いていれば、浮具なしで背浮きを簡単に行うことができます。しかしながら、体位が垂直になってしまったときや呼吸に失敗してバランスを崩したとき、あるいは靴を履いていないときなど、そのままではすぐに背浮きに移行することができない場合があります。このようなときには、両手を使って補助的な浮力を得ます。

両手の動きで浮力を得る方法として、フィニングとスカーリングを習得します。フィニングは魚のヒレの動きをまねるように腕全体を動かして浮力と推進力を得る方法です。頭から足の方向に水を押し出します。従って、背浮きを維持するための動作にはなりません。体位が垂直になってしまったときに水面に浮上する際に使われます。一方、スカーリングは両手を小刻みに動かしながら浮力と推進力を得る方法です。腹から背中の方向に水を押し出すことができるので、背浮きの補助になります。靴の浮力が足りないときやバランスを崩したときに補助的に浮力を得るために使われます。また、弱いながらも頭から足の方向、あるいは逆方向に水を押し出すことができます。背浮きの状態で足の方向と頭の方向に移動したりすることができます。この二つの実技はういてまてでは背浮きへ移行あるいは背浮きを維持するための補助浮力としての役割が大きいので、本書では背浮きの練習項目に入れてあります。

フィニングの練習は小学校低学年でも可能ですから、指導はこちらから導入します。スカーリングは少し難易度が高いので高学年以上で行います。

キーワード

フィニング

英語のfinningを参考にした和製英語。動詞のfinには、ヒレのように動かすという意味があるが、ヒレをそぎ落とすという意味合いがどちらかというと強い。水泳界を含めて世界共通の言葉ではないことに注意。

スカーリング

英語のscullingから来ている。動詞のscullは、舟のこぎ手が１人で左右のオールを操ることを意味するが、日本語には適切な単語がない。背浮き、伏し浮きの状態で静止、移動が行えるため、水泳では基本的な動作と捉えられている。アーティスティックスイミングでよく用いられる。

フィニング

(1) 基本体位

図2-20に示すように、背浮きの状態で行う実技です。基本的な練習は水着で、しかも靴を履いた状態で行います。慣れてきたら、着衣状態へと進んでいきます。

(2) 腕のかき

両腕とも同じ動作でかきます。腕全体を使って運動します。腕の動きなので、その分推進力を得ることができますし、動きが単純なので小学校低学年でも靴の浮力で足さえ浮けば簡単に練習できます。

腕の動きは魚の胸ヒレ運動に似ています。胸ヒレは魚の五つあるヒレのうちでも特に優れた運動性能を持ちます。ヒトもそれほどではないにしても、頭の方角に進むこと、方向転換をすることが可能です。気をつけの姿勢から少しずつ両腕を開いていきます。図2-20(a)のように手首を内側に曲げて水の抵抗を少なくします。図2-20(b)では手首を反らせるように返して手のひらで水をキャッチします。図2-20(c)では素早く水を押し出していきます。このとき両手の押し出しの強さをそれぞれ加減すると方向転換ができます。例えば右手を強く押し出せば左転換となります。最後は図2-20(d)のように気をつけの姿勢となります。

(3) 足の浮力

ういてまてにおけるフィニングはあくまで推進力を得るための手法です。次に説明するスカーリングよりも足が沈みやすくなります。そのため、練習には運動靴を必ず履いておきます。この方法が特に役立つのは垂直沈水体位からの回復時ですが、靴の浮力があるときれいに浮き上がることができます。

b

図2-20　フィニング

スカーリング

(1) 基本的な考え方

ういてまてで使うスカーリングはアーティスティックスイミングなどで使うスカーリングと目的が少々異なります。ういてまてのそれは、主として背浮きを補助するためであり、前進や後進を主として行うためのものではありません。できるだけ体力を使わずに浮力が得られるように腕をかきます。

(2) 腕のかき

両手とも同じ動作でかきます。図2-21の(a)から(e)までの写真を見てください。手の動きは水平方向の往復運動です。浮力の補助ですから、これで十分です。なおシンクロナイズドスイミングのスカーリングでは推進力と浮力を同時に得ないとならないので、水中で∞（無限大）の字を描くように激しく動かします。

(3) 練習

靴背浮きをして静止し、手の位置を腰の位置で開き気味とし、体から離します。そこから(a)のようにいったん手のひらを水底側に向けて内側迎え角40°程度にします。(b)のように肘を支点として上腕を固定し、手のひらを大腿付近までかきます。そして(c)のように手のひらを外側迎え角40°程度に修正し、肘を支点として上腕を固定し、(d)に示すように手のひらを元の位置に戻します。最後に(e)のように手のひらを内側迎え角40°程度に修正します。これで１サイクルが完了です。１サイクルはだいたい１秒です。慣れてくるとスムーズに動かせるようになります。

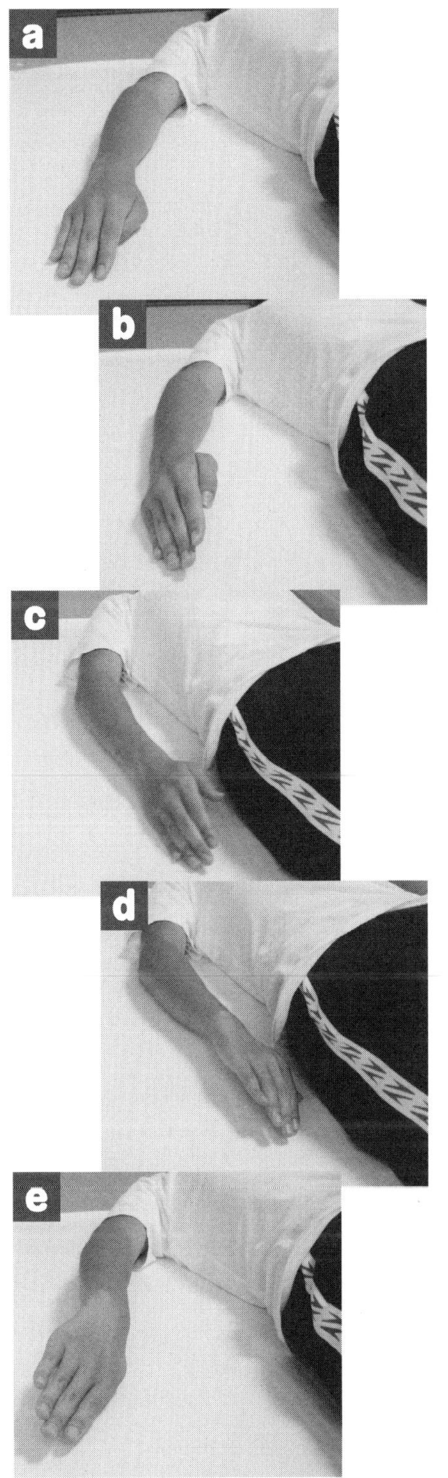

図2-21　スカーリングの手の動き

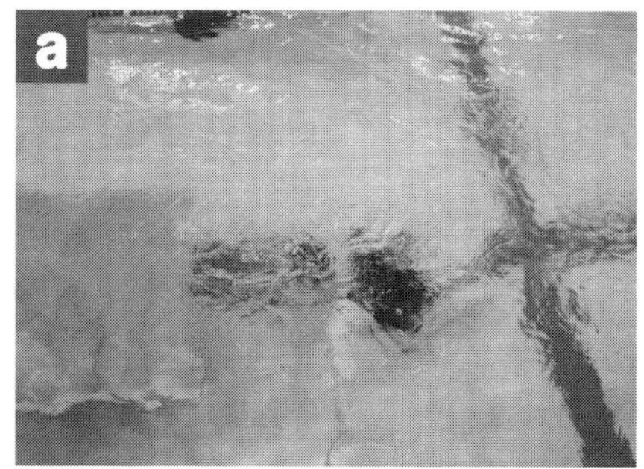

図2-22　回復動作

フィニング・スカーリングの応用

(1) フィニングの必要なとき

なんらかの事故で、水中で体位が垂直になったとき、水面に浮き上がるのにフィニングを利用します。例えばウエイディングをしていてトラップに落ちて沈水したとか、足から水に落ちたとか、事故の状況によっては体位が水中で垂直になり、もがくだけでは背浮きに持っていくことができませんのでフィニングを活用します。

(2) フィニング応用練習の準備

ベンチやプールフロアを沈めておいて、その端に立ちます。図2-22(a)に示すように、端からプールにジャンプするように入水します。

(3) フィニング開始

体を反らせるようにして背浮きの姿勢に近づけます。さらに図2-22(b)に示すように両腕をはばたくように大きくゆっくり動かして、水面に向かって上昇します。

(4) 浮上

浮上するまで２～３回両腕をかくことになりますが、空気を吐き出さなければその浮力だけでも浮かび上がるので、図2-22(c)のように慌てず背浮きの体勢になるのを待ちます。

(5) スカーリングの必要なとき

浮上したら安定な背浮きに移行します。浮き上がったばかりでバランスが取りづらいときにはフィニングからスカーリングに変えて体勢を整えます。靴を履いている場合は、その浮力で足が浮いたことを確認してからフィニングあるいはスカーリングをやめ、静止した背浮きになります。

2-5 浮身

足の届かないところでの実技の基本は背浮きになりますが、それ以外の自己保全の方法としてさまざまな浮身があります。自然水域での状況は刻一刻と変わるし、体力や持っている浮具によっては他の体位に変えなければならないこともあります。ここでは背浮き以外の浮身について解説します。

図2-23は逆クラゲ浮きです。図2-23(a)は水着の状態で浮具なしの背浮きができなかった人でも浮くことができる画期的な方法です。顔だけ背浮きのように水面に出し、体を反らせます。呼吸のときは素早く換気して、常に空気をためておきます。衣服に空気がたまれば図2-23(b)のようにだいぶ楽に浮けるようになります。

浮身の種類を挙げると次のようになります。

- 伏し浮き
- クラゲ浮き
- だるま浮き
- 浮具使用の浮身
- 逆クラゲ浮き
- 立泳ぎ

伏し浮きからだるま浮きまでは、顔を水につけるので呼吸することができません。初心者が水中で浮くことに慣れるための実技です。浮具使用の浮身は、立泳ぎの練習前に行う実技です。浮具の上に体を預けてうつぶせに近い形で浮いています。もちろん呼吸をすることができます。この方法をもとに足を動かして補助的に浮力をつけるのが立泳ぎです。

浮身は水泳にとってもういてまての実技にとっても極めて基本的で重要な動作です。国内には速く泳げる人は多くいるのですが、長く浮いていられる人は多くいません。ぜひ小学生のうちに浮身の練習の機会を積極的に作りましょう。

図2-23　逆クラゲ浮きの例
(a)浮具なし、(b)浮具あり

(1) 伏し浮き

伏し浮きは図2-24(a)に示すように背浮きとは表裏の関係です。手の先から足の先までしっかりと伸ばします。背浮きと違っていくら両腕を伸ばしてもこの状態ではだんだん足が沈んでいきます。このままでは不安定な浮き方であるということです。

(2) クラゲ浮き

クラゲ浮きは伏し浮きの状態から足を沈めて、図2-24(b)のように両腕も脱力した状態です。伏し浮きは不安定な浮身でしたが、クラゲ浮きは安定しています。呼吸ができませんが大変楽な浮き方です。

(3) だるま浮き

だるま浮きは図2-24(c)に示すように、両脚を両腕で抱えて体を丸くしながら浮く方法です。両脚を抱えるのに力が必要で、見た目ほど楽な浮き方ではありません。

図2-24　さまざまな浮身の例

(4) 浮具使用の浮身

体力に余裕があり、周囲の状況をつかみにくい場合には、図2-24(d)に示すように足を動かして補助的に浮力をつけて立泳ぎを行います。写真では、両脇にペットボトルを抱えながら立泳ぎをしています。立泳ぎは難易度の高い実技ですが、ペットボトルの浮力を使えば誰にでもできる実技に早変わりします。

2-6 移動

ういてまてではまず浮くことを考えます。次に、周囲の状況を確認して移動する方がよい結果につながるときに限り、ゆっくり移動を開始します。どうしても着衣状態で長距離の移動を行うのであれば、泳力があるばかりでなく、Tシャツに短パンのように薄着である必要があります。陸までの距離が短いときには泳いだ方がよいのではないかという議論がありますが、防波堤の下に落ちたときのように、水平距離が近くても実際には陸に上がれない場合が多いので、そのようなときでも、やはり浮いて救助を待つ方が有利になります。

移動の方法には、次に示すように３種類あります。

- 背面キック
- エレメンタリーバックストローク
- 顔あげ平泳ぎ

背面キックは小学校低学年からできる実技です。図2-25(a)のようにペットボトルなどの浮具を抱えて、バタ足や平泳ぎの足を使い、頭の方向に進んでいきます。図2-25(b)に示すエレメンタリーバックストロークは平泳ぎを背泳ぎにしたような形の泳ぎ方です。競泳用の泳ぎ方ではありませんが、ゆっくり体力の消耗を防ぎながら移動するには適切な泳ぎ方です。図2-25(c)の顔あげ平泳ぎは競泳用の平泳ぎをもとに、顔を常に水面上にあげながら移動する方法です。自分がどの方向に移動すべきか、確認しながら泳ぐことができます。ただし、この３種類の中では最も体力を消耗する泳ぎ方になります。

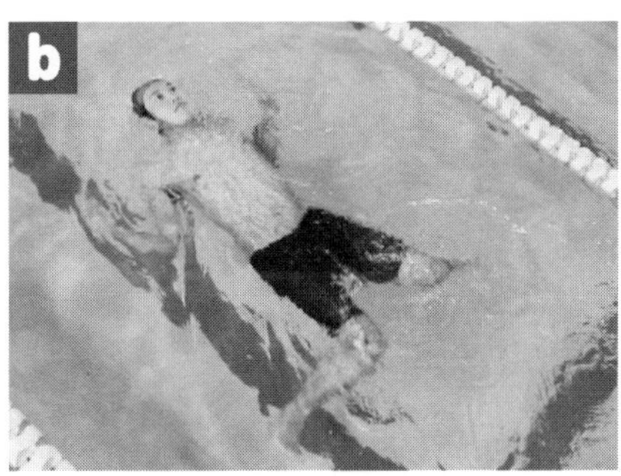

図2-25　さまざまな移動方法の例

2-6-1 背面キック

(1) 背面キックの種類

バタ足と平泳ぎの足があります。最初の導入にあたる練習は、ペットボトルやビート板を用いた水着状態で行います。図2-26では、平泳ぎの足を使った背面キックについて示しています。

(2) 背面キック（平泳ぎの足）の方法

背面キック（平泳ぎの足）は靴を履いた背浮きの状態から始めます。図2-26(a)に示すように、ペットボトルをへその辺りに持ち、バランスを取ります。次に膝を曲げるようにして図2-26(b)で示すように両脚を体の方向に曲げてきます。十分ひきつけたら、図2-26(c)に示すように蹴りだします。このときの足の使い方は平泳ぎの足のキックによく似ています。膝が水面に出ますが、できる限り水面に出る体積を抑えます。

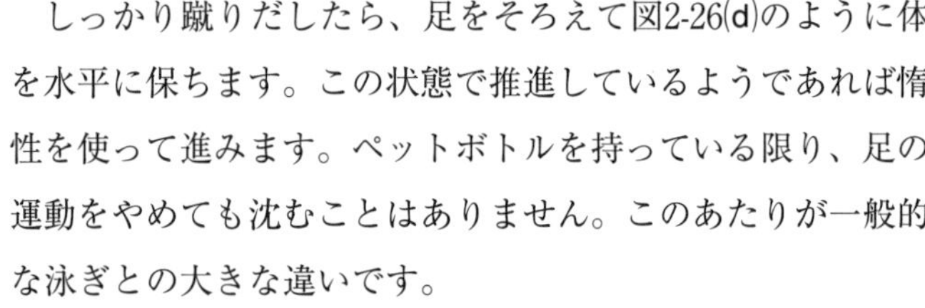

しっかり蹴りだしたら、足をそろえて図2-26(d)のように体を水平に保ちます。この状態で推進しているようであれば惰性を使って進みます。ペットボトルを持っている限り、足の運動をやめても沈むことはありません。このあたりが一般的な泳ぎとの大きな違いです。

(3) 方向転換

頭を転換したい方向に徐々に向けて方向転換することができます。例えば、少しずつ頭を右に向けてキックしていくと右旋回を始めます。そのまましばらく旋回すれば180°回転することもできます。つまり陸から落ちて沖に流れているときに、ゆっくりと旋回して、岸の方に近づくことが可能です。

図2-26　背面キックの例

2-6-2 エレメンタリーバックストローク

(1) 基本体位

図2-27に示すように、背浮きの状態で練習を行います。体を頭から足まで水平に保ち、水面に浮きます。基本的な練習は水着の状態で行い、その後靴を履いた状態、着衣状態へと進んでいきます。

(2) 腕のかきと足の蹴り

両腕とも同じ動作でかきます。図2-27の(a)から(d)を見てください。平泳ぎをひっくり返したような形で移動している様子が分かります。さらに手を水面上に出さずに運動していることも分かります。

図2-27(a)の姿勢から両腕両脚を同時に動かし始めます。まず腕の動きを説明します。腕は肘から曲げるようにして、体の線に沿いながらゆっくりとかき上げていきます。手のひらが図2-27(b)に示すように肩の辺りまできたら、脚の方向に向かってかく準備をします。脚の動きを説明します。腕をかき上げていくのと同時に膝から曲げていきます。膝は水面に少し出る程度です。ここで大きく水面から出すと、腰が沈みバランスを失います。図2-27(c)では両腕両脚を推進力に使おうとしています。若干足の蹴りのタイミングが早くなっています。それに少し遅れるようにして、腕のかきが追従します。図2-27(d)を見ると確かに脚の動きの方が一歩先に進んでいるように見えます。

(3) 方向転換

頭を転換したい方向に徐々に向けて、左右の腕のかき方の強弱によって方向転換することができます。例えば、少しずつ頭を右に向けて、右腕を強くかいていくと右旋回を始めます。そのまましばらく旋回すれば180°回転することもできます。

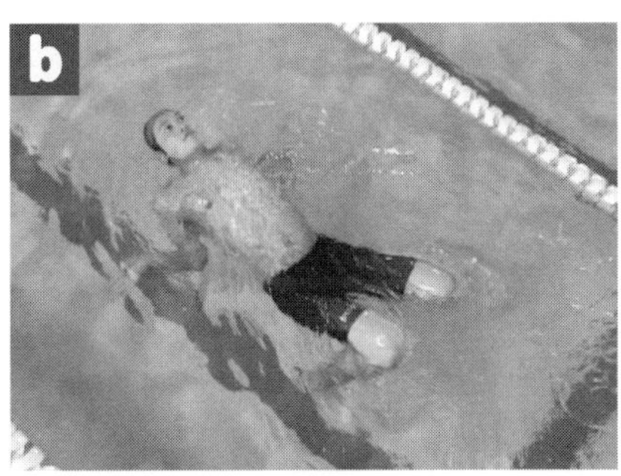

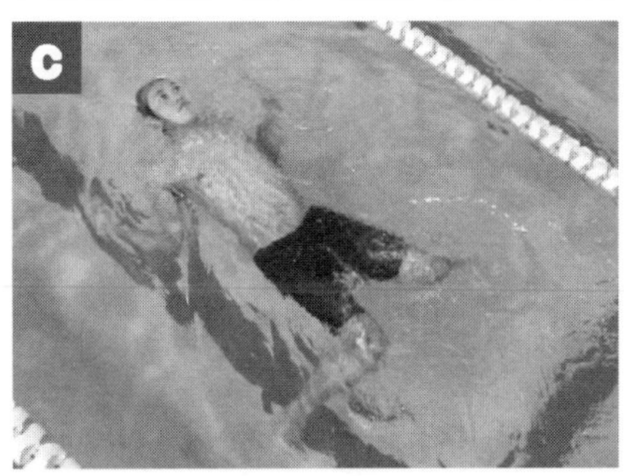

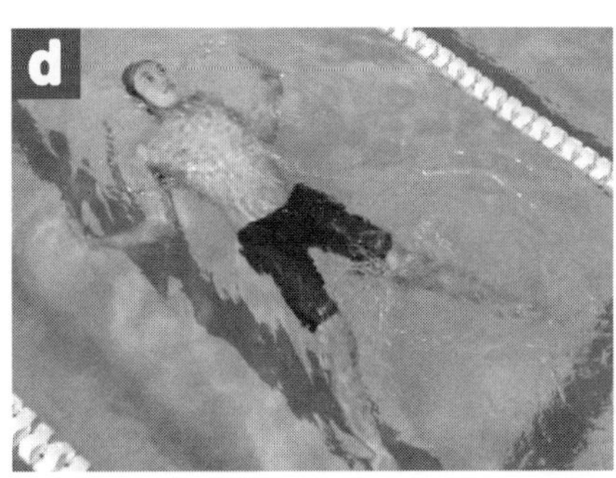

図2-27　エレメンタリーバックストロークの例

図2-28　顔あげ平泳ぎの例

2-6-3 顔あげ平泳ぎ

(1) 基本体位

図2-28に示すように、基本的な形は競泳の平泳ぎになります。競泳と違うのは、顔を水面に出しながら泳ぐこと、ゆっくりと大きくかくことです。ういてまてでは、時間あたりの体力の消耗を抑えながら救助を待つことを第一に考えるので、この方法でも、速くあるいは長く泳ぐことは考えません。

(2) 手のかき

腕のかきと脚のキックは違うタイミングで動かします。図2-28(a)の姿勢からまず両腕だけを動かします。少し顔を水面からあげ気味にして、息を吸いながらゆっくり大きくかいていきます。手をかき終わったら、図2-28(b)に示すように両手を顔の前に集めます。

(3) キック

両手を集めるとともに、膝から脚を曲げていきます。脚はかかとを含めて水面上には出ません。水面に出してしまうと体全体が水に沈みやすくなります。キックをしながら図2-28(c)のように両腕を前方に伸ばしていきます。顔の位置に気を付けてください。顎が水中に入っていることが分かります。要するに目で目標物を見失わなければいいので、口と鼻が沈んでいても構いません。この瞬間に息を吐き出します。

(4) 推進

図2-28(d)では、体位を水平に保っています。この状態で推進力を有効に活用します。

第3章

小学生向けプログラム

ういてまての技術をマスターした人が教室を通じて小学生に教えるときに従うプログラムです。実際の教室を想定して流れとしてまとめました。数日後に教室を行わなければならない人がイメージを組み立てる際の参考になります。

キーワード

実施条件

水温22℃以上であるとか、気温と水温の和が50℃以上であるとか、自治体独自や学校独自で決められている。風や日照の条件まで考えると単純な話ではなく、現場の実情に合わせて運用されている。

最近では高温の日の屋外のプール活動も制限される傾向にあるが適切に水分補給したり、風通しのよい日かげで休憩したりすれば制限する必要はない。

3-1 低学年（1～3年生）

初めてういてまてに挑戦する1～3年生を想定して、90分で実施するプログラムを例に流れを示します。

3-1-1 実習の準備

(1) プールの準備

指導者は、ういてまて教室を行う前にプールサイドに上がり、プールの状況の確認を行います。プールの状況として、使用できるコース、プールの深さと深さの分布、水温・気温、もし深いプールであればプールフロアの位置を目で見ながら確認します。

学校プールを利用するのであればコースロープを外して全面使用できるようにします。そして深さに注意を払ってください。小学校のプールだから児童全員の背が立つということはないと思ってください。小学校1年生では、プールの一番深いところで半数の児童の背が立たない場合もあります。低学年の教室では、全てにおいて子どもの背が立たないことを念頭に実技を展開しなければなりません。

水温・気温は朝から十分に確認を行わなければなりません。着衣状態であれば20℃以下の比較的寒い気温でも水温が24℃程度あれば暖かく感じますが、プール授業の実施条件として学校や自治体で定めている気温と水温があるので、それに従うのが最良です。中止する場合の代替の内容とともに実施・中止の条件が前もってきちんと決められていれば安心です。屋外の場合、プールに入る直前あるいは最中に雷の音が聞こえたらプールの使用を諦めて屋内の活動に切り替えます。

(2) 準備運動・着衣

授業時間が限られているときには、準備体操と着衣を準備

の段階で行っておきます。例えば高学年がういてまて教室を行っている間に低学年が体育館などであいさつや準備体操を行ったり、着衣を行ったりします（図3-1）。

準備の段階で服を上下着用し靴を履いておきます。着衣・脱衣にかなり時間がとられるし、水遊びの要素が多いことやあらかじめ水着による水慣れを授業で行っていることを考えれば、いきなり着衣状態で入水するのが合理的です。図3-2は、入水前に靴を履く準備をしている様子です。

図3-1　最初のあいさつの様子

図3-2　学校で準備したういてまて教室用の靴

(3) 隊列構成

指導者は児童がプールサイドに集合する前にプールサイドに上がっています。全員が集合したら、児童の数を把握します。あらかじめ名簿で確認した数とプールサイドに集合した児童の数が一致することを確認します。次に児童のバディーを作ります。児童のバディーは学校で既に作っているバディーと隊列があればそれを使います。隊列を作るときには背丈順とします。先頭となりプールに入る児童あるいはプールの浅い方に向かう児童の背が低くなるように並び方を工夫します（図3-3）。

例えば、はしごから１人ずつ降りるときには背の低い児童から降ろしますし、プールサイドに横隊を作るときにはプールの浅い方に背の低い児童を配置しますので、隊列を形成した場所から入水位置までスムーズに移動できるようにあらかじめ考えなければなりません。

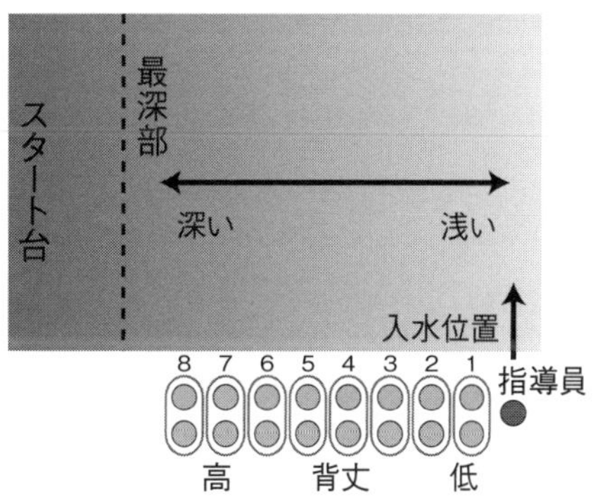

図3-3　児童の整列の仕方

(4) あいさつ・点呼

指導者と児童であいさつを行います。あいさつの後、今日のういてまて教室についてどのようなことを行うのか、何のために行うのか話をします。要点としては、身の回りのものを活用して自分の身体を浮かせる練習を行うこと、浮き方を知っていれば助けが来るまで生きていられることを強調します。

点呼はバディーシステムで行います。あらかじめ学校で行

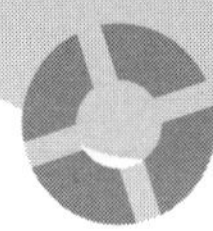

われている方法があればそれに従います。標準としては次の要領で行います。

22ページに代表的な流れを写真で示しています。隊列は2列縦隊のまま、全員を指導者側に向かせて、指導者が「バディー」と声を掛けます。児童はバディー同士で手を握り合って高く挙げます。その後、前列から後列に向かって、「1、2、3、…」の掛け声とともに手を下ろして、座っていきます。あらかじめ分かっている出席人数と照らし合わせて、全員が集合していることを確認します。

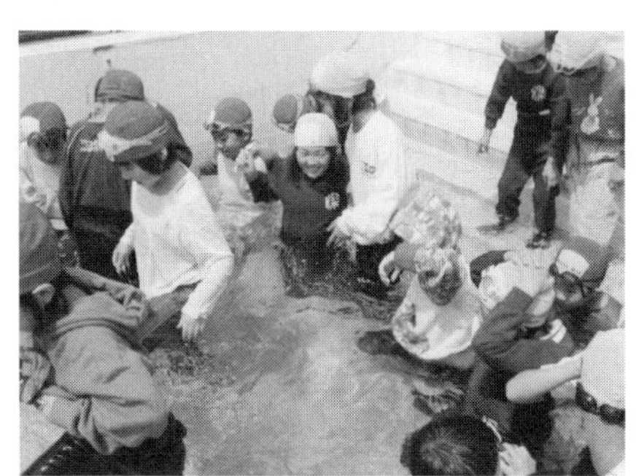

図3-4　腰洗槽利用の様子

(5) 腰洗槽・シャワー

腰洗槽を使う義務がなくなり、腰洗槽を使うところは少なくなりましたが、学校の方針として使っているところではそれに従って使います。図3-4に示すように着衣状態のまま腰洗槽に入ります。腰洗槽では腰までしっかり漬かり10秒程度じっとしています。児童に数を数えるように指導している学校もあります。上がったら引き続きシャワーを浴びます。屋外のプールでは冷水が出てくるので寒いのですが、全身をしっかり水で洗います。もちろん指導者も児童と同じようにして腰洗槽に漬かりシャワーを浴びます。

図3-5　学年ごとの児童の配置の様子。1年生は見学者の近くにて実技を行う

(6) プールサイドに集合

シャワーを浴び終わったら、図3-5に示すように学年ごとに場所を設定してプールに入水する準備に入ります。このプールでは、写真の手前側に保護者が集まっているので、1年生が保護者の近くで練習できるように工夫しています。ういてまて教室の様子は保護者に積極的に公開して、親子で水難に対する認識を持つようにします。特に1年生から上手にできるか、保護者は興味津々です。向かい側に小さく集まっているのが3年生です。毎年やっていると3年生くらいになれば親もわが子がプカプカ浮けると分かって見学に来ます。

3-1-2 入水からウエイディング

水泳帽は髪の毛や頭の古い皮膚が水の中に広がり水を汚染するのを防ぐので、どこでも着用指導をしています。ゴーグルも眼科領域の疾病の原因になるウイルスや菌の感染防止のために、着用するようにしましょう。

水泳帽とゴーグルの着用を確認したら、入水指導に移ります。入水方法には２種類あります。一つははしごから１人ずつ入水する方法で、他方はプールサイドから直接入水する方法です。１、２年生でプールの水深が比較的深いときには、はしごから入水します。３年生あるいはプールの水深に比べて身長が十分高ければ、プールサイドから横１列になって一斉に入水します。本書において、水の事故では入水時の不注意が命取りになることを何度も指摘します。低学年のうちからしっかり正しい入水方法を身に付けて、高学年でも自然に実践できるようにしたいものです。

(1) はしご入水からウエイディング

図3-6にはしごからの入水の様子を示します。はしごから入水するときにあらかじめ隊列を作っておき、１人ずつ順番に入ります。入水時の隊列の組み方は、図3-7に示すよう点呼のときの並び方と同じで、点呼からスムーズに入水に移れるように計画をきちんと立てなければなりません。

(a)はしごを入水位置として、指導者がまず入水する。入水するときには背中をプール側に向けてはしごにつかまりながら足から１段ずつ降りていく。

(b)指導者がプールの中から確認しながら、児童を背丈の低い順番で下ろしていく。プールに入水したら、そのままプールを横方向に進ませてプールの端に位置する。指導者は必ず先頭から隊列の後ろを確認できる位置に立つ。

続いてウエイディングに移ります。図3-8に示すように、ウエイディングでは隊列を１列とします。

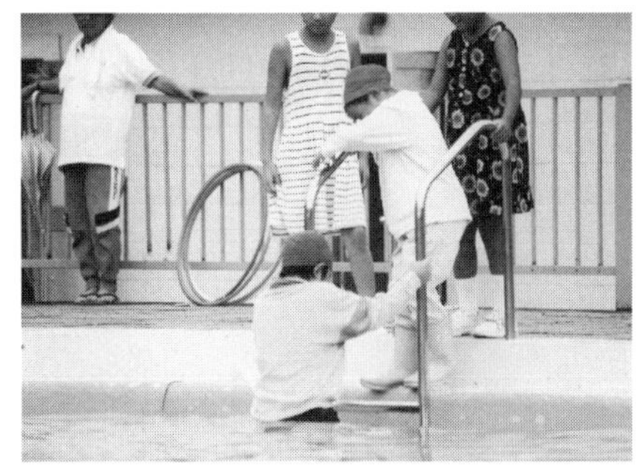

図3-6　はしごを使った入水の実技

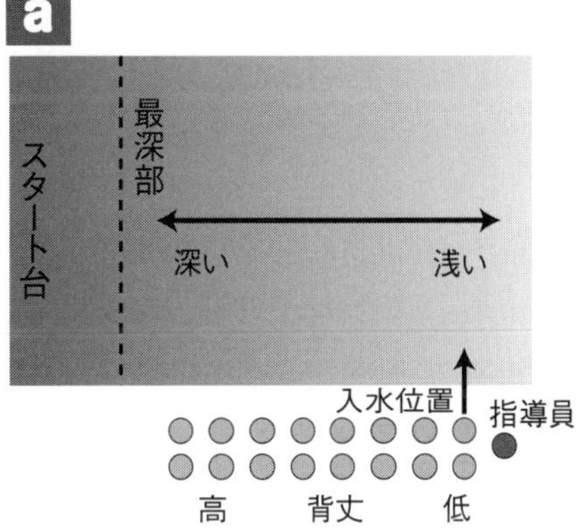

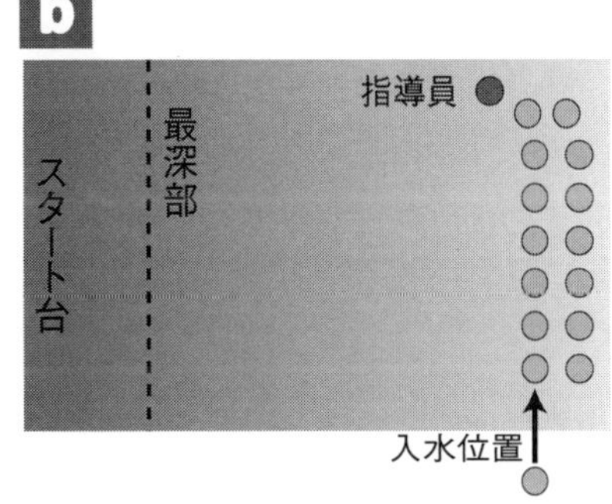

図3-7　入水前後の隊列の組み方

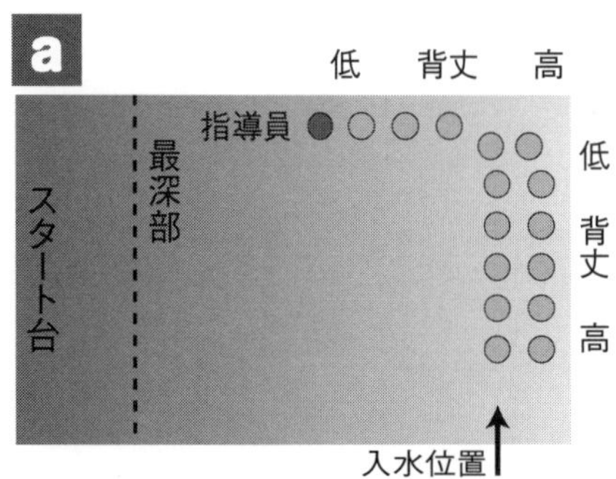

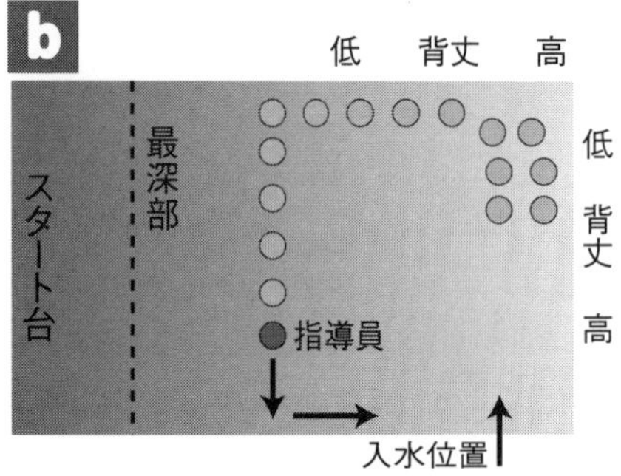

図3-8　ウエイディング中の隊列の組み方

図3-9　ウエイディングの実技

(a)背丈の低い順番で１列となる。背丈の低い児童で背が立つのであれば、後ろの児童たちも背が立つから、このような配置となる。

(b)横を移動するときの体制。つかまる壁がないので、十分背丈に余裕があるうちに横移動を開始する。

図3-9に実際の実技の様子を示します。一連の写真では、１年生から３年生まで学年ごとにグループ分けされて練習している様子が示されています。

(a)指導者が先頭になり、背丈の低い児童から児童にオーバーフローの端をしっかり手でつかむように指示して隊列を整え、オーバーフローの端を手でつかむようにしながら歩き始める。たとえ低学年でも児童が歩き始めることによってプール内に流れができ始める。

(b)児童がついてこられることを確認しながら、ゆっくり歩く。プールの深い方向に進み、先頭の児童の肩が水に隠れないうちに直角に曲がってプールを横断する。

プールを横断しきったら、また浅い方へオーバーフローを伝わりながら歩いていきます。なお、１年生は簡単に流れで流されてしまうので、プールを無理に横断しないよう、様子を見ながら進行します。図3-9(a)のように引き続きオーバーフローの端につかまりながら歩いていきます。

流れにより１年生くらいの体格だと流されると頭から考えていた方がよいでしょう。実際に流されると感じたら、止まってオーバーフローにしがみつくように指示してください。そして、プールサイドから大人が注意して見ているようにしなければなりません。

(2) 直接入水からのウエイディング

プールサイドから直接入水するときには全員あるいはバディーの前列、後列に分かれて一斉に入ります。図3-10に流れを示します。

(a)人数が多いときにはバディーの前列から入り、続いて後列

が入る。人数が少ないときには１列となって入る。

(b)プールの浅い方に移動するように指示し、指導者が列の先頭に移る。そのまま図3-8(a)以降の流れに沿ってウエイディングに入る。

図3-11にプールへの入水の仕方を示します。

(a)プールサイドにしっかり両手をついて、身体の向きをプールサイドに向くようにもっていく。両腕の力で身体を支えながら、入水していく。

(b)足が届いたらプールサイドから手を離し、一度頭まで潜る。

プールの方角を向いて入水したらどうなるか展示してみるとよいでしょう。両手をプールサイドに置き、プールサイドを背にして入水するとそのまま両手がプールサイドから外れ身体全体が水没します。この状態では、足が水底に届かなかった場合にプールサイドに上がることができません。一度展示すれば１年生でも危険だということが理解できます。

続いてウエイディングに移ります。ウエイディングには、はしご入水からの場合と同じ方法、プールを横切る方法があります。まずはしご入水と同じ方法を取るのであれば、一度プールの浅い方に全員が移ります。移り方は図3-10(b)に既に示したとおりです。そして１列となり背丈の低い児童から歩き始めます。指導者の位置は先頭となります。児童にオーバーフローの端をしっかり手でつかみながら歩くように指示します。一方、プールを横切る場合には全員で一斉にプールの対岸に向かって動きます。走ることなくゆっくりと手を使いながら移動するとよいでしょう。この場合、隊列はプールに入水した後の形から出発します。指導者の配置はプールの深い方で全体が見渡せる位置とします。

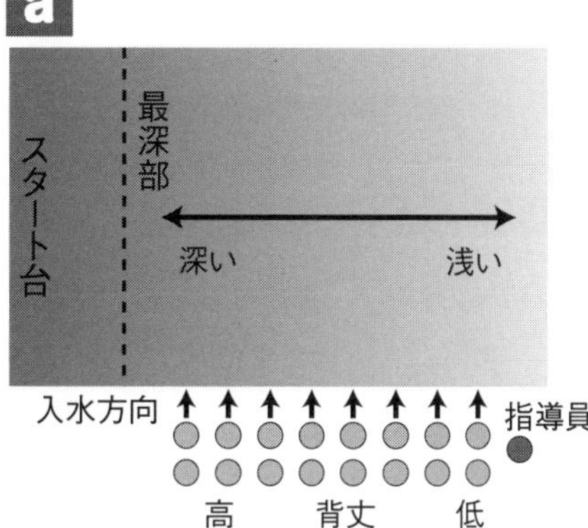

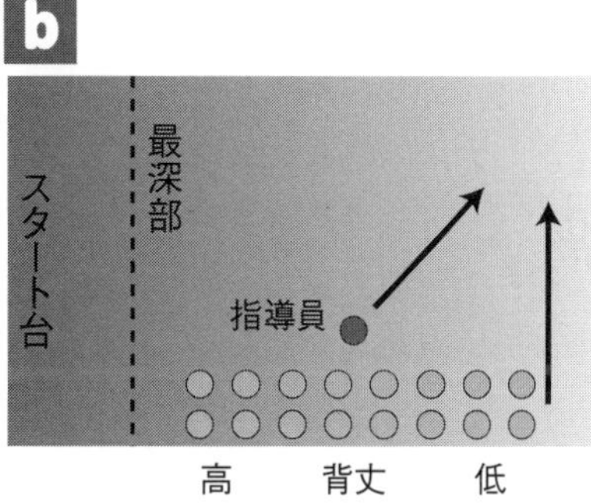

図3-10　直接入水の前後の隊列の様子

図3-11　直接入水のときの入水方法

図3-12　宝探しに使う小道具

a

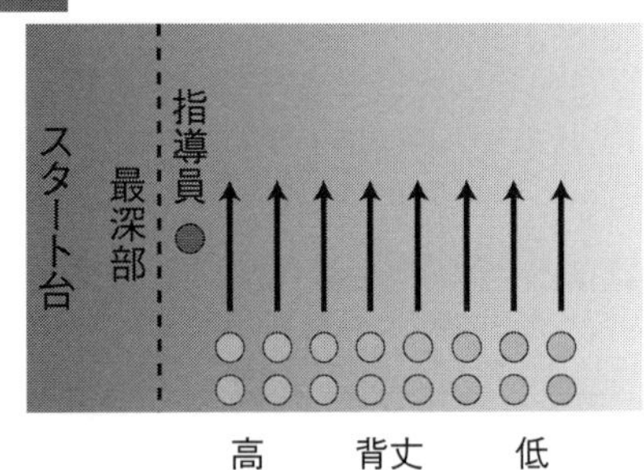

b

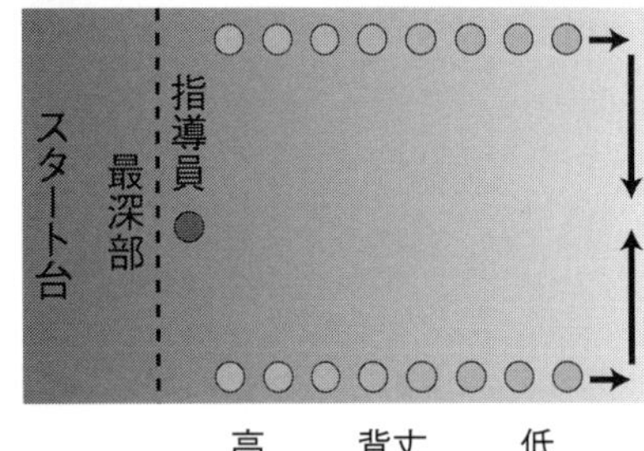

c

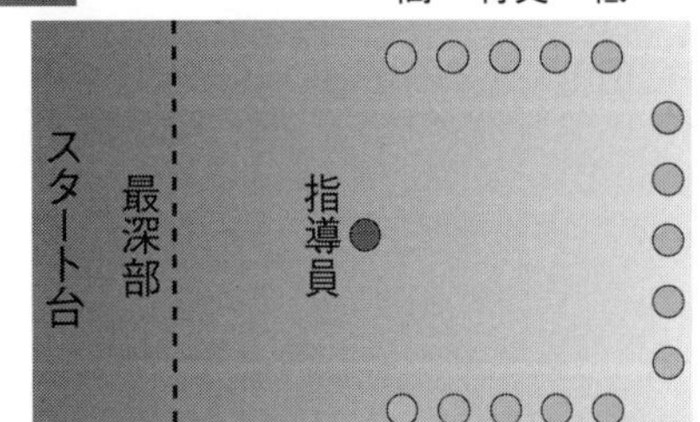

図3-13　宝探し前後の隊列の様子

3-1-3 宝探し

宝探しは、小学校低学年の定番実技です。水の中で着衣状態にある自分の身のこなしの感触を確認するのに最も適当な実技であるといえます。宝探しでは、小物をプールに沈めてそれを全員で探し出します。小物としては、図3-12に示すように、カニや魚の形をした専用の製品も販売されています。その他プールの底を傷つけないようなもの、例えば使用済みのコンパクトディスク（CD）や水を詰めた500mLの小型ペットボトルなどが使えます。

宝探しではもちろん水の中に潜れなければならないし、手足を使って少しは泳げないとなりません。服を着ているとなんとなくいつもの授業と気分が違うのか、日頃潜るのが嫌な児童でも潜って宝を探すときがあります。プールサイドに立って上から見ると宝物の位置がよく分かりますが、プールの中に入ると潜ってみない限り宝物がどこにあるのか分かりません。だから潜らざるを得ないのです。

宝探しに移るときの隊列の組み方を図3-13に示します。ウエイディングが終了した後の隊列から一連の流れで組むことができます。

(a)ウエイディング終了後プールの長辺に２列で並ぶ。このときに背丈の低い児童が浅い方に位置するように工夫する。バディーの一方の列がプールのもう一方の長辺にウエイディングで移動する。移動の仕方は図3-13(a)に示したとおりバディーの前列のみが一直線でそのまま対岸に向かう。指導者の位置は隊列の深い方である。

(b)これで相向かう両辺に１列ずつ児童を配置できた。次に背丈の低い児童からプールの端に沿ってそれぞれ浅い方に移動していき、お互いの先頭が出会ったところで止まる。これでプールの半分を囲むように児童の列ができた。

(c)急に飛び出しても子ども同士がぶつからないように配慮する。特にプールの角には子どもを配置しないように、1.5m

程度の間をあける。

図3-14に実際の指導の様子を示します。児童は１年生から３年生まで15人程度ずつで、ちょうどプールの半分に収まったため、この体制で一斉に宝探しをしました。

(a)児童はプールの端に沿うようにして並び、隊列を作っている。指導者をプールの深い方に配置して、陸上にいる補助者が宝探しで使う小物をプールに投げ込む。小物が水に沈むとプールの中に入っている児童からは直接見えないので、潜らないと小物を手にすることができない。児童のテンションは次第に上がっていく。

(b)１人で何個でも取ってよいなどルールを話してから、合図で一斉に宝探しを始める。このとき、勢いあまって児童同士で衝突しないように間隔などに注意しておく。

(c)指導者は水の中を観察しながら、取られていない小物があったら、位置を教えてあげる。全ての小物がなくなったら、元の位置に戻るように指示する。児童から小物を回収して、再度同じ宝探しを行う。何度やっても楽しいようである。

宝物に点数を書いておいて、紅組白組で得た宝物の点数を集計して競い合うのもよいでしょう。高学年でも喜んでやります。面白い分だけ、けがの確率も高くなります。絶対にプールサイドから飛び込んでスタートさせないでください。

図3-14　宝探しの実技

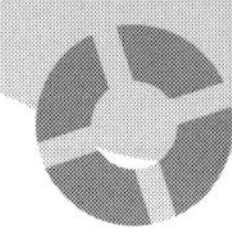

図3-15　ペットボトル背浮きの展示の仕方

3-1-4 ペットボトル背浮きから靴背浮き

背浮きは、ういてまての実技の中で最も重要です。背浮きの練習を行うときには、浮く靴を履いてペットボトルを持って、確実に浮くようにして練習を始めます。慣れてきたらペットボトルなしの靴背浮きの練習に移行します。図3-15に示すようにまず展示を行ってから練習に入りましょう。

(a)宝探しであらかじめ水の中での身のこなしの上手な児童を見つけておいて、その児童をモデルに選ぶ。

(b)モデルの腰をしっかり片手で支え、ペットボトルをへその辺りに抱いた状態であおむけにする。大きく息を吸うように指示する。モデルの耳は水中にあるので指示するときには大声を出さなければならない。

(c)腰を支えている片手が軽くなったように感じたらそっと手を離し、背浮き状態にもっていく。

(d)30秒くらいしてから腰を再び支えて、立つように指示する。腰を支えていないと立つのに失敗するので注意する。

続いて練習に入ります。練習では、プールの長手方向（コース方向）にバディー同士で２列に並びます。人数が多かったら、両端に計４列作ります。このようにしてバディーが相手の腰を支えてあげながら練習をします。ただし１年生、２年生は慣れていないので、指導者が１人ずつ補助しながら進めるとよいでしょう。ペットボトルがなければビート板を使います。

ペットボトル背浮きに慣れてきたら、ペットボトルを持つ手の位置を水面ぎりぎりまでずらし、最終的にはペットボトルを放し靴背浮きに移ります。ペットボトルを放すときにはペットボトル背浮きの状態から静かに手を水中に入れます。そうすると身体が浮いた状態でペットボトルだけが流れていきます。そのまま息を蓄えながら浮いているようにします。呼吸が苦しくなったら息を吐いてすぐに吸うようにします。慣れないうちはとにかくあおむけになって水に浮くことに集中して、背浮きの状態に慣れることに練習の重点を置きます。

3-1-5 ランドセル浮き

背浮きを行いながら救助を待つには、もちろん浮具があった方がよいに越したことはありません。小学生にとって身に着けているものや周りにあるもののうち何が浮具になるのか分からないわけですし、ペットボトル以外の浮具をどのようにして使えばいいか分かりません。ランドセルは小学生が常に身に着けているものの中で最も浮力を持ちます。中に教科書やノートが詰まっているとさらに強い浮力が得られます。

展示に使うランドセルにはあらかじめ漫画雑誌などを入れておきます。漫画雑誌は重いわりに教科書やノートくらいの浮力を示します。陸上で持って重いからといって、水中で沈むものではないと意識付けするのにもってこいの教材です。ただし、後の始末のことを考えて薄いポリ袋に雑誌を入れて、それをランドセルに詰めるようにしてください。

図3-16に示すように全員をプールサイドに集めたら、

(a)ランドセルの中を見せて、中身が詰まっていることを確認させる。そしてこのランドセルには本がいっぱい詰まっているが浮くかどうか質問してみる。

(b)、(c)ランドセルの口をしっかり閉めて、プールに投げ込む。すぐに浮き始める。

(d)児童を１人モデルに選び出し、ランドセルを手に取ってもらう。ペットボトルの要領でランドセルを抱えて背浮きを行う。またランドセルの上に乗るように指示する。ランドセルの上に子どもが乗っても顔を出すことができる。

ランドセルのほかに体操着入れ、水着入れ、リュックサックなど、中身が入っているとよく浮くものが身の回りにたくさんあることを教えます。人の持つものは軽く作ってあるので、たいていのものは水に浮くようになっています。

図3-16　ランドセルを浮具に見立てた展示の様子

3-1-6 退水作業

２列縦隊で全員を指導者側に向かせ、指導者が「バディー」と声を掛け、点呼を取ります。全員いることを確認したら、あいさつをして清潔作業に入ります。

清潔作業としてぜひ実行することを列挙します。

(a)うがい

(b)シャワー

うがいは口の中に残ったプール水を外に吐き出すために行います。シャワーは脱衣して水着の状態で浴びます。しっかりと全身のプール水を洗い流します。

ゴーグルをしていれば洗眼をする必要はありません。裸眼で講習会を行った場合には顔を水道水で洗う際に眼をパチクリしながらプール水を落とします。

いずれにしても、プールの遊離残留塩素濃度が0.4mg/Lから１mg/Lの間にあればプール水を媒介とした感染はかなり防げるわけですが、ういてまて教室ではいつも以上に汚染源がプールに入っていますので、いつもの水泳授業以上に清潔作業に気を配りたいものです。

使った衣服はその場で絞れるだけ絞ります。低学年の衣服は小さいので高学年ほど苦労はしません。できるだけ大人の手を使って手際よく絞っていきます。ぬれた衣服と靴はポリ袋に入れて持ち帰るようにします。プールサイドで乾かしてから持ち帰るといいのですが、乾かしている最中に風で飛ばされたとか、間違って持ち帰ったとか、トラブルが少なからず発生します。

着替えが終わったら、最後の点呼を行い全員がいることを確認して解散となります。

3-2 高学年（4～6年生）

低学年で既に体験済みの４年生あるいは初めての体験となる５、６年生も含めた90分プログラムに従って解説します。

3-2-1 実習の準備

(1) プールの準備

指導者は、ういてまて教室を行う前にプールサイドに上がり、低学年のときと同様にプールの状況の確認を行います。

学校プールを利用するのであればコースロープを外して全面使用できるようにします。深さは十分確保されているでしょうか。高学年にふさわしい深さは学校の場合、オーバーフローと同じ高さにまで満水にされている状態です。

水温・気温は朝から十分に確認を行わなければなりません。プール授業の実施条件として学校や自治体で定めている気温と水温があるので、それに従うのが最良です。雷は鳴っていないでしょうか。インターネットで雷雲の動きをチェックし直前や最中に音が聞こえたら中止にします。

(2) 準備運動

授業時間が限られているときには、準備体操をあらかじめ行っておきます（図3-17）。高学年では着衣に要する時間が比較的短いので、教室の時間内に水着の上に着衣をする時間を設けることができます。従って、水着でプールサイドに出ても構いません。

(3) 隊列構成

指導者は児童がプールサイドに集合する前にプールサイドに上がります。全員が集合したら、児童の数を把握します（図3-18）。あらかじめ名簿で確認した数とプールサイドに集合した児童の数が一致することを確認します。

図3-17　準備体操の様子

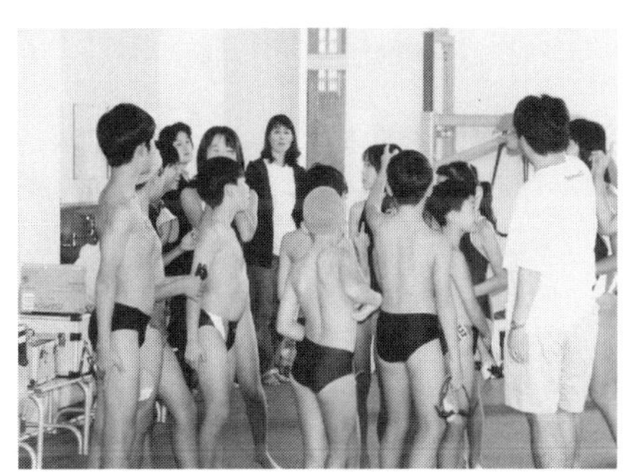

図3-18　児童の状態の把握

キーワード

雷鳴

雷鳴が聞こえると雷が14km以内に近づいている可能性が高い。雷光から音が聞こえるまで３秒で約１kmとして距離を推測する。雷雲の広がりと進行速度を考えたら、14km先であっても30分後には雷の真下かもしれない。

図3-19　ツーバディーシステムによる点呼の取り方

次に児童のバディーを作ります。児童のバディーは学校で既に作っているバディーと隊列があればそれを使いますが、ツーバディーシステムを組むのが理想的です。まず、２列横隊の前列のみ番号を背の低い方から高い方へ１、２、３、…の合図とともに流します。次に示すように奇数の人だけ手を挙げてもらいます。手を挙げた人を各班のリーダーにします。リーダーの挙手の数で瞬時に児童の数の確認ができるので、リーダーの役割は重要であることを伝えます。隊列の最後の班が５人班の場合には５人で１人のリーダー、６人班では６人で１人のリーダーとなります。

隊列を作るときには背丈順として、先頭となりプールに入る児童あるいはプールの浅い方に向かう児童の背が低くなるように並び方を工夫します。

(4) あいさつ・点呼

指導者と児童であいさつを行います。あいさつの後、今日ういてまて教室でどのようなことを行うのか、何のために行うのか話をします。要点としては、身の回りのものを活用して自分の身体を浮かせる練習を行うこと、浮き方を知っていれば助けが来るまで生きていられること、さらに友達が水に落ちたときに周囲の人の役割が重要であることを伝えます。

点呼はツーバディーシステムで行います。隊列は２列横隊にとり、全員を指導者側に向かせ、指導者が「バディー」と声を掛ける方式です。あらかじめ学校で行われている方法があればそれに従います。ツーバディーシステムの点呼は標準として次の要領で行います。図3-19に一連の動作を示します。

(a)「バディー」の掛け声とともに児童はバディー同士で手を握り合って高く挙げる。

(b) ４人グループのリーダーが自分のグループに全員そろっていれば「よし」と声を掛け、掛け声とともに手を下ろす。そのときリーダーだけが手を挙げ続ける。

リーダーの手の本数を数えれば短時間で点呼を確認するこ

とができます。

(5) 腰洗槽・シャワー

図3-20に示すように、腰洗槽に入り、シャワーを浴びます。腰洗槽は、使用義務がなくなり、今では使用している小学校は少ないですが、使用しているのであればそれに従います。腰までしっかり漬かり10秒程度じっとしています。

引き続き図3-20(b)のようにシャワーを浴びます。シャワーでは全身をしっかり水で洗います。もちろん指導者も腰洗槽に漬かりシャワーを浴びます。お手本を示さなければ人は動きません。

図3-20　腰洗槽とシャワーで清潔を保つ

(6) 入水

水泳帽とゴーグルの着用を確認したら、入水指導に移ります。高学年ではプールサイドから直接入水します。図3-21にプールへの入水の仕方を示します。

(a)オーバーフローに直接腰掛ける。両足をプールに入れて両手を使って膝から上さらに両腕、胸・腹に水を掛けていく。頭に水を掛け、背中にも水を飛ばしながら掛けていく。

(b)プールサイドに両手をついて、身体の向きを図3-21(a)のようにプールサイドに向くようにもっていく。両腕の力で身体を支えながら、プールサイド向きになる。

(c)静かに足から入る。足で深さを確認するように指示する。もし足が届かなかったら腕の力でプールサイドに上がる。

(d)足が届いたらプールサイドから手を離し、図3-21(b)のように一度頭まで潜る。

図3-21　入水の仕方

図3-22　ウエイディングから背浮きへ

3-2-2 ウエイディング（プール洗濯機）

ウエイディングの練習としてプール洗濯機方式を取り入れます。前列が入水練習で入水した後、そのままプールを横方向に対面のプールサイドをめがけてウエイディングします。対面のプールサイドに到着したら、プールサイドを背にして水中で立って待つようにします。次に後列を入水させます。

ういてまてが初めて、あるいは毎年行っていないグループに対する指導は以下のとおりです。

(a)1周回るとか3周回ると決めて、あらかじめ全員に知らせる。

(b)合図とともに反時計回りで全員で周回を始める。歩いているようであれば走るようにハッパを掛ける。目安としてはだいたい流速2mくらいになるようにする。練習途中で陸上から全体をしっかり眺めて、足をすくわれて溺れそうになっている児童がいないか注意する。

(c)規定の回数を回ったら反転するように声を掛ける。流れとともに移動していると水の怖さを感じないが、反転した瞬間に水の圧力を感じて、怖くなり声をあげる。

(d)しばらく水に逆らってウエイディングを続けるように指示し、流れがほどほどに収まったところで終了を告げる。

(e)全員をプールから上げて感想を聞く。流れとともに移動していると水の怖さを感じないが、反転した瞬間に水の強大な圧力を感じ、これにより恐怖感を覚えるとまとめる。

図3-22は既に慣れていて浮く靴を履いて背浮きができるグループに対する指導の様子を示しています。

(a)反時計回りにウエイディングを始める。

(b)指導者の配置をプールの角近くにして、できるだけ外側を回す。そうすることで(a)よりは輪が広がってきた。

(c)、(d)手前の指導者の場所から背浮きを開始させる。プールの長辺に沿って速い流れが生じるので背浮きをすると面白いように流されていく。見た目の流速は速く感じるが、児童たちはゆっくり流れていくように感じる。

3-2-3 ペットボトル背浮きから靴背浮き

低学年で背浮きに慣れていれば、浮く靴を履いてペットボトルを持って、指導されなくても自分で背浮きになることができます。学年進行で毎年指導が行われているのであれば、浮く靴＋ペットボトルでまず5分間の背浮きの効果測定（実技試験）を行います。さらに実力があるのであれば、いきなり浮く靴だけの背浮きの効果測定を行ってもよいでしょう（図3-23）。

ういてまて教室が学年進行で行われていない学校では、児童が背浮きに慣れていないので、浮く靴＋ペットボトルで確実に浮くようにして練習を始めます。慣れてきたらペットボトルなしの練習に移行します。図3-24に示すように展示を行い、練習に入ります。展示では普段から水泳の練習をしている児童をモデルに選定します。担当教員より指名してもらってもよいでしょう。１人が緊張して上手にできなかったときのために、２人指名するようにします。

(a)バディーで相手に補助してもらって背浮きを行う。

(b)浮くことができたら、そのまま１分程度浮いているように指示する。

(c)安定して浮けるようになったらペットボトルを手から放して大の字になって引き続き浮いている。30秒くらい我慢する。そのまま息を蓄えながら浮いている。呼吸が苦しくなったら息を吐いてすぐに吸うように指導する。

全員が確実に背浮きができるまで練習を繰り返します。完了したら、一度プールから上がり着衣します。

図3-23　靴背浮き

図3-24　靴＋ペットボトル背浮きから靴背浮きへの移行

3-2-4 転落入水から寄り添い（ペットボトル）

(1) 転落入水（落水）

プールサイドからの落水では、児童をモデルとして展示を行います。モデルとして、背浮きの練習を見ていて水の中の身のこなしの上手な児童を選びます。まずモデルに、前方に向いて腰を引かずに落ち、落ちたらしばらく浮いて、声を掛けたら歩いてプールサイドに戻ってくると流れを説明します。

(a)プールに向いてオーバーフローに直接立つ。モデルに深呼吸をするように指示する。

(b)両手でモデルの肩を押してプールに落とす。

(c)落ちて背浮きで10秒くらいたったら立ち上がるように声を掛ける。

(d)立ち上がったら、歩いてプールサイドに戻るように指示する。

高学年は背丈が高いので、プールの深い方に集めて練習を行うようにしてください。落水の際、ジャンプしないで自然にプールに落ちるよう指導します。

落水の練習は、図3-25の手順に従って行います。

(a)プールサイドに２列横隊で並ぶ。なお、並ぶときに１人につき１m程度の空間が確保できれば端から順番に落水していく。両手間隔以上の空間が確保できるのなら、自由に練習してもよい。

(b)前列の児童がプールサイド端にプールに向いて立ち、後列の児童が展示のとおりに肩を押して落とす。

(c)隊列の並び順で落水していく。前のバディーの落水者役の児童とぶつかることがないよう、指導者の合図で実施していく。

(d)最後のバディーまで落水した様子。ここまで長時間浮いていられるようになるまで最低３回は繰り返し練習する必要がある。

図3-25　落水の展示と実技

なお、指導者の人数が十分いて安全確保ができているのなら、前列が全て終わる前に最初のバディーから後列の実習に移ることもできます。全員が終了したら、全員をプールサイドに上げます。

(2) 寄り添い（ペットボトル）

ペットボトル救助では２本のペットボトルを準備します。モデルを１人選出し、モデルに流れを説明します。図3-26に従って流れを説明します。

(a) １人がプールに入り、背浮きで浮いて準備する。

(b) プールサイドのバディーがまず１本目のペットボトルを投げ入れる。背浮きのバディーの胸にちょうど載るようにする。

(c) 無事にペットボトルを受け取れた。そのままペットボトル１本背浮きに入る。

(d) しばらくそのまま浮いている。10数えたら立ち上がり、プールサイドに向かってウエイディングで戻る。

もし、１本目のペットボトルを確保できなかったら、準備してあるもう1本のペットボトルを投げ入れます。慌てると背浮きおよびペットボトル投げともに実技が雑になるので、ゆっくりと進行するように努めてください。

図3-26　寄り添い（ペットボトル）の展示と流れ

図3-27　ランドセル背浮きの流れ

3-2-5 ランドセル背浮き

登下校時にランドセルを背負ったまま川や池に落ちることは十分あり得ますし、そういった報告があります。そのような状態からの背浮きに移行する方法について説明します。

ランドセルには浮力があるかわりに、落ち方を誤るとランドセルが浮いて、本人はうつぶせの状態になり溺水します。水に落ちたら、あるいは落ちる途中で背中を下にしてランドセルの上に上半身を完全に乗せられるように練習しなければなりません。

展示に使うランドセルにはポリ袋にくるんだ漫画雑誌などをあらかじめ入れておきます。図3-27に示すように全員をプールサイドに集めたら、ランドセルの中を見せて、中身が詰まっていることを示します。その後モデルとなる児童に背負ってもらって、背負いバンドを両手でしっかり握り、ランドセルが衝撃で頭の方にずれないように準備します。

(a)、(b)モデルの両肩を両手で優しく押して、プールに落とす。

(c)ランドセルの上に上半身をしっかり乗せるように指示する。もし頭の先にランドセルが移動していると、上半身に浮力が集中し、下半身が沈む。また横にずれるとバランスを失ってしまい、身体が回転してうつぶせ状態になる。

(d)30秒ほど浮いていて、時間がたったらそのままウエイディングで戻るように指示する。時間があれば、交代でランドセルを回す。

落水から背浮きまでの練習を一とおり行い、時間があったらうつぶせの状態から回転して背浮きになる練習を行います。

(a)うつぶせの状態で顔を水に浸し、ランドセルを頭の先に移動する。

(b)身体を回転して背浮きの姿勢に移る。

(c)ランドセルの上に上半身を乗せて安定する。

3-2-6 退水作業

２列縦隊で全員を指導者側に向かせ、指導者が「バディー」と声を掛け、点呼を取ります。全員いることを確認したら、あいさつをして清潔作業に入ります。

清潔作業としてぜひ実行することを列挙します。

(a)うがい

(b)シャワー

うがいは口の中に残ったプール水を外に吐き出すために行います。シャワーは脱衣して水着の状態で浴びます。しっかりと全身のプール水を洗い流します。

ゴーグルをしていれば洗眼をする必要はありません。裸眼で講習会を行った場合には顔を水道水で洗う際に眼をパチクリしながらプール水を落とします。

いずれにしても、プールの遊離残留塩素濃度が0.4mg/Lから１mg/Lの間にあればプール水を媒介とした感染はかなり防げるわけですが、ういてまて教室ではいつも以上に汚染源がプールに入っていますので、いつもの水泳授業以上に清潔作業に気を配りたいものです。

使った衣服はその場で絞れるだけ絞ります。高学年の衣服は絞りがいがありますが、自分の服は自分で絞れるので大人が世話するほどではありません。ぬれた衣服と靴はポリ袋に入れて持ち帰るようにします。プールサイドで乾かしてから持ち帰るといいのですが、乾かしている最中に風で飛ばされたとか、間違って持ち帰ったとか、トラブルが少なからず発生します。

着替えが終わったら、最後の点呼を行い全員がいることを確認して解散となります。

図3-28　プールフロアの設置例

図3-29　親子バディーの組み方

図3-30　親子バディーでの点呼

図3-31　準備運動

3-3 親子ういてまて

3-3-1 実習の準備

(1) プールの準備

夏の屋外であれば、日焼け防止のために水着の上にＴシャツなどを着てプールサイドに上がるよう受講者に伝えます。

受講者より早くプールサイドに上がり、プールの状況の確認とプール管理者へのあいさつを行います。コースロープは外すことができれば外します。参加する子どもの背丈に合わせて必要ならプールフロアを入れます。特に図3-28に示すように７m×７mくらいの面積でフロアエリアを作るとよいでしょう。

プールサイドに全員が集合したら、受講者の数を把握し、隊列を編成します。隊列編成は２列横隊で家族ごとに並びます。バディーシステムを基本としますが、図3-29に示すように親子バディーを作ります。４人家族であれば４人１班を形成し、それをバディーに見立てます。

(2) 点呼

あいさつでういてまて教室の目的や内容を説明した後、点呼の練習を行います。まず点呼の流れを簡単に受講者に説明します。その後２～３回練習します。２列横隊のまま、全員を指導者側に向かせて、指導者が「バディー」と声を掛けます。引き続いて「家族で手を握り合って高く挙げて」と指示を入れます。図3-30に示すように全員の挙手を確認したら、「リーダーは“よし”と声を掛けて、リーダーだけ手を挙げ続けて」と助言し、リーダーの挙手の数を声を出して数えます。

(3) 準備運動、シャワー

準備運動を行って体をほぐします（図3-31）。続いて各自で新品あるいはよく洗ってきれいな靴を履き、シャワーを浴びます。靴も一緒にシャワーで洗います。

3-3-2 入水

(1) 入水の導入

指導者は複数で対応します。配置はフロアエリアの端の深さが深くなる直前のところに数人を配置します。受講者が背浮きをしているときに流されているのに気が付かずにフロアエリアの外に出ることがあります。指導者は必ず深くなる直前のところから浅い方を監視するようにします。

まず指導者による入水指導の展示を行います。このときには見やすい位置に受講者を集めます。

図3-32に入水例を示します。フロアエリアで練習を行います。オーバーフロー形式のプールを仮定して説明します。

(a)親から始める。オーバーフローに直接腰掛け、両足をプールに入れて両手を使って膝から上に水を掛ける。さらに全身に水を掛けていく。プールサイドにしっかり両手をついて、身体の向きをプールサイドに向くようにもっていく。両腕の力で身体を支えながら、静かに足から水の中に入る。足で深さを確認するように助言する。

(b)引き続き、子どもの練習に入る。その場で親が即席の指導者になるような感じである。

図3-32　親、子の順の入水方法

(2) 靴の確認

プールに全員が入水したら、子どもたち全員の背丈が立つのか、それぞれの親に確認してもらいます。次に全員の靴が浮く靴であることを確認します。まず全員を指導者を囲むように集めて、図3-33に示すように説明します。

(a)指導者が手持ちの靴を一足（左右とも）水中に入れる。水中では靴底が水底を向くようにして靴をよく振り空気を全て出す。続いて静かに水中で手を離す。これで浮き上がってくれば「この靴は浮く靴で命が助かる」とコメントする。

(b)全員の靴について自分たちで確認させる。浮かない靴があったら、指導者側で準備してある靴と交換する。

図3-33　靴の確認

図3-34　ペットボトル背浮きの展示方法と実技

3-3-3 ペットボトル背浮き

小学校低学年でも幼児でも親と一緒に練習すると不思議に早く慣れます。これが親子ういてまて教室のよい点です。背浮きの練習を行うには最も確実に浮く、ペットボトル＋浮く靴の組み合わせから始めます。図3-34(a)、(b)に指導法を示します。

(a)モデルの子どもの腰を両手で押さえてあおむけにさせ、ペットボトルをへその辺りに両手で持たせ、大きく深呼吸をして十分な空気を肺に蓄えるように教える。安定したら腰の両手をそっと離す。しばらく我慢するように言う。

(b)30秒程度浮けたらまた腰を両手で持ってあげて立ち上がらせる。全員で拍手してあげる。

親の補助により、子どもの背浮きの練習に入ります。何度も練習を繰り返します。

子どもがペットボトル背浮きに慣れたら、次に親の練習の番とします。小学校高学年の子どもであれば親の背浮きの補助をします。低学年であれば、子どもを集めてオーバーフローに座らせます。その間に大人同士で補助し合いながらペットボトル背浮きの練習に入ります。

次に靴背浮きの練習に移ります。図3-34(c)のようにペットボトル＋浮く靴の組み合わせから続けます。ペットボトルを持って背浮きに入り、その後両手で持ったペットボトルを放します。図3-34(d)に示すように簡単にペットボトルなしの背浮きに移行することができます。しばらく浮いていて、適当なところで補助して立たせます。引き続き親の練習に入ります。

背浮きの効果測定を行います。子どもは１分、親は３分で、ペットボトルを持っても持たなくてもよいことにします。まず親がそばについて子どもから始めます。次に子どもをオーバーフローに座らせて親の背浮きに移ります。

効果測定後に休憩に入ります。トイレを済ませ、体を拭いて休むようにします。

3-3-4 着衣背浮き

休憩時間が終了したら、着衣して点呼を取ります。着衣では長袖上下、靴を履いておきます。もちろん水泳帽とゴーグルは着用しています。指導者の配置が完了したら水着の状態で練習した入水方法に従い入水します。まず親から入水して、次に子どもが入水します。子どもは服が体にぴったりついた感触を気持ち悪がりながらも楽しみます。図3-35に従い着衣背浮きに移ります。

(a)子どものペットボトル＋浮く靴の背浮きから練習を始める。このころになると親の補助がなくてもできるようになる。写真では親も安心して見ている様子が分かる。

(b)安定して浮けるようになったら、ペットボトルを放す。着衣の状態でこのように安定して浮いていると親はういてまての大切さを実感するし、こんなに短時間で浮くことができるのかと感心する。

(c)そして次は親の番である。低学年の子どもをオーバーフローの上に座らせて、親がペットボトル＋浮く靴での背浮き練習に入る。さすがに子どもの前で失敗できないと思うのか、全員上手に浮くことができる。

(d)子どもと同様にある程度浮いたらペットボトルを放す。これで親子ともども短時間で浮くことができたと感心する。

図3-35　着衣状態でのペットボトル背浮きから靴背浮きへ

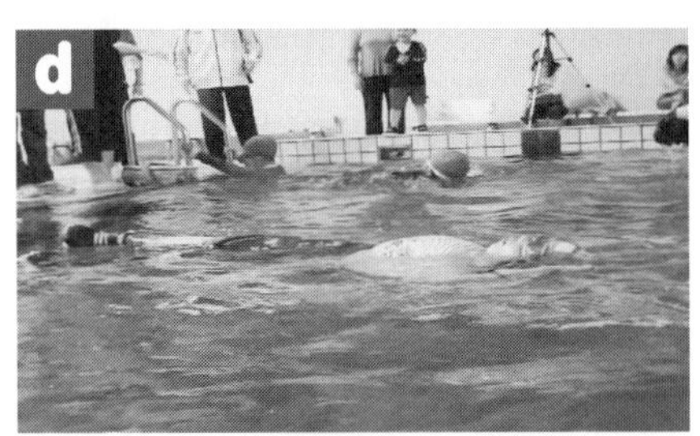

図3-36　親の落水から始めて子どもの落水に移る

3-3-5 転落入水(落水)から寄り添い(ペットボトル)

(1) 落水

落水は親から練習します。親はフロアエリアで転落すると頭を水底に打つ可能性が高いので、フロアのないところへ移動してから練習に入ります。まず指導者が説明しながら受講者をモデルとして展示を行います。モデルに、前向きで落ち、落ちたら背浮きになりしばらく浮いて、声を掛けたら平泳ぎに変換してプールサイドに戻ってくると流れを説明します。

図3-36に実習の様子を示します。

(a)落水の練習と展開例をしっかり説明する。モデルがオーバーフローに直接プールに向かい立つ。モデルに深呼吸をするように指示する。水中の安全を確認した後、指導者の手でモデルの肩を押してプールに落とす。あまり勢いよくしない。優しく押すように心掛ける。バランスを崩しながらプールに落ちていく。

(b)背浮きとなりしばらく背浮きで浮いている。30秒くらいたったら平泳ぎで戻るように声を掛ける。

その後全体練習に移ります。２列横隊になり、バディー同士で組んで練習します。合図で１人ずつ落水するようにして安全を守ります。

親の練習が終わったら、フロアエリアに移り、図3-36(c)、図3-36(d)に示すように子どもの練習に移ります。

(2) 寄り添い（ペットボトル）

寄り添い（ペットボトル）も親から練習を始めます。救助者役がペットボトル２本を準備して１本ずつ投げて、要救助者役がそれらをつかんだらプールサイドに戻る一連の流れで練習します。

一とおりの練習が終わったら、子どもと交代します。親が即席指導者となり、子どもの指導をするようにします。このときはフロアエリアに移動します。

3-3-6 かばん浮き

背浮きで救助を待つにはもちろん浮具があった方がよいのです。かばんは人が持つ小物でもよく浮く部類に入ります。中身が詰まっているほどよく浮きます。普通はバッグ、リュックサックなどを展示に使いますが、ここではランドセルを例にとり説明します。

展示に使うランドセルにはポリ袋でくるんだ漫画雑誌などをあらかじめ入れておきます。漫画雑誌は重いわりに教科書やノートくらいの浮力を持ちます。全員をプールサイドに集めたら、次のように説明します。

(a)ランドセルの中を見せて、中身が詰まっていることを確認させる。

(b)ランドセルの持ち方を説明する。普通はだらりと下がらないように肩バンドの長さを調整しているが、肩バンドの長さが長い場合には、ランドセルが下がらないように手で引き絞る。

(c)モデルとなる子どもに背負ってもらって、肩バンドを両手でしっかり握り、ランドセルが衝撃で頭の方にずれないようにする。そのまま落水する。

(d)少し我慢していると身体が浮き上がってくる。顎を上げてランドセルの上に上半身を完全に乗せる。

図3-37に、ランドセルやボールで背浮きに成功した子どもの写真を示します。

図3-37　さまざまな浮具を利用した背浮きの実技

3-3-7 退水作業

プールサイドに全員集合しプールに平行になるように２列横隊を作ります。２列横隊のまま、全員を指導者側に向かせて、指導者が「バディー」と声を掛け、点呼を取ります。

講習会の総括をして、機会を見つけてこのような練習を行ってほしいこと、周囲の人たちに広げてほしいことをお願いします。

あいさつを行ったら清潔作業に移ります。清潔作業ではうがいをしてからシャワーを浴びます。全員がプールサイドから出たことを確認してから、プール管理者に終了報告をして、指導者も更衣室に向かいます。

第4章

成人向けプログラム

講習会を通じて職場などの成人にういてまてを教えるときに従うプログラムについて、それを実際の流れとしてまとめました。数日後に講習会を行わなければならない人がイメージを組み立てる際のお手伝いをします。

図4-1 コースロープを外す

図4-2 あいさつの様子

図4-3 点呼の取り方

4-1 一般講習

4-1-1 実習の準備

(1) プールの準備

夏の屋外であれば、日焼け防止のために水着の上にTシャツなどを着てプールサイドに上がるようにあらかじめ受講者に伝えます。普通の水泳教室と違い、日頃から水着になって屋外で泳ぐことに慣れていない人が多いことを考えなければなりません。日焼けに慣れている子どもと違って、いきなり夏の太陽を浴びると重篤な日焼けを起こすことがあります。

受講者より先にプールサイドに上がり、プールの状況の確認とプール管理者へのあいさつを行います。プール管理者と使用できるコース、時間を最終的に打ち合わせます。もしプールの深さが受講者の背丈に比べて深くなく、しかもプール全体を利用できるのであれば、コースロープを外します(図4-1)。

プールサイドに受講者全員が集合したら、受講者の数を把握し、隊列を編成します。

(a)名簿で確認した数とプールサイドに集合した受講者の数が一致することを確認する。

(b)受講者のツーバディーシステムを作る。まず背丈の順で2列横隊を作る。

(c)全数を4で割って4人班が何班できるか頭の中で確認する。例えば40人の受講者なら10班となる。41人、42人の場合も10班とする。最後の班（10班目）が5人、6人体制となる。43人の場合には11班体制となり最後の班が3人となる。

(d)各班で1人のリーダーを決める。通常は前列の番号の若い方がリーダーになる。

隊列編成が終わったら、図4-2のようにあいさつをします。そして、ういてまての目的と実技種目について説明します。

(2) 点呼

実技に入る前に点呼の練習を行います。まず点呼の流れを簡単に受講者に説明します。次に指導員の「バディー」の合図とともに図4-3(a)に示すように前後のバディーで片手同士を握り合い、高く挙手するように指示します。３人のバディーの場合には３人で握り合うようにします。リーダーがツーバディーシステムの班の４人全員がその場にいることを確認したら「よし」と声をあげて、図4-3(b)のようにリーダーを残し、他の受講者の手を下げるように伝えます。

流れが確認できたら、一度練習を行いましょう。２列横隊のまま、全員を指導者側に向かせて、指導者が「バディー」と声を掛けます。引き続いて「バディー同士で手を握り合って高く挙げて」と助言し、全員の挙手を確認したら、「リーダーは“よし”と声を掛けて、リーダーだけ手を挙げ続けて」と言い、リーダーの挙手の数を声を出して数えます。

(3) 靴を履いて、シャワー

あらかじめ準備してある靴をチェックします。「できれば新品、あるいは自宅でしっかり洗ってある新品に近い靴を準備してきているでしょうか」。そのように伝えて、バディー同士でチェックするように指示します。もし汚い靴があった場合には、主催者で準備している靴に交換するか、よく洗って厚手のポリ袋でくるみ、その上から履くようにして使います。図4-4のように、靴の準備が終わったら各自で靴を履きます。続いてシャワーを浴びます。

シャワーを浴びたら、展示・実習場所に移ります（図4-5)。たいていはプールの長辺に沿って並びます。図4-6に示すようにプールの深さが深い方に背丈の高い受講者が行くようにします。例えばプール中央が最も深いこのプールでは中央付近に背丈の高い受講者が行き、手前の一番浅い方に背丈の低い受講者が来ます。入水前にもう一度点呼を取って人数確認を行います。

図4-4　入水前に靴を履く様子

図4-5　展示・実習場所に移る

図4-6　プールの長辺での整列の仕方

図4-7　入水方法の展示

4-1-2 入水方法

まず指導者による入水指導の展示を行います。見やすい位置に受講者を集めるようにしましょう。

図4-7に入水の展示展開例を示します。低水位式オーバーフロー形式のプールサイドを想定して説明します。

(a)オーバーフローに直接腰掛け、両足をプールに入れて両手を使って膝から上に水を掛ける。さらに両腕、胸・腹に水を掛けていく。

(b)プールサイドにしっかり両手をついて、身体の向きをプールサイドに向くようにもっていく。

(c)両腕の力で身体を支えながら、静かに足から水の中に入る。足で深さを確認するように付け加える。この方法で入水すれば、もし足が着かなかった場合に腕の力で陸に上がれることを強調する。

(d)引き続き、プールの方角を向いて入水したらどうなるか展示する。両手をプールサイドに置き、プールサイドを背にしながら入水するとそのまま両手がプールサイドから外れ、身体全体が水没する。

ここで、この状態では足が水底に届かなかった場合にプールサイドに上がることができないこと、溺水の大多数は水に落ちたときに足が届かなかったことに原因があることを説明します。そして、ぜひ子どもにもこの入水方法を教えてほしいと伝えます。

その後、受講者の実習に入ります。まず、バディーの前列が入水し、その後、後列が入水します。全員が入水したら、そのまま次の実技の説明に入ります。

4-1-3 靴の確認とウエイディング

(1) 靴の確認

後列の受講者に、かかとをしっかり水底に着けるように指示します。この段階で、受講者の顔が水没するかどうかを確認し、背の高い受講者グループがどうしても背が足りないようであれば全体的に浅い方に移動します。

全員の靴が浮く靴であることを確認します。まず全員を指導者を囲むように集めて、図4-8に示すように、展示を行います。

(a)指導者が手持ちの靴を一足（左右とも）水中に入れる。

(b)水中では靴底が水底を向くようにして靴をよく振り空気をすべて出す。

(c)続いて静かに水中で手を離す。

(d)これで浮き上がってくれば浮く靴で命が助かるとコメントする。全員の靴について自分たちで確認させて、浮かない靴があったら、指導者側で準備してある靴と交換する。

図4-8　靴の確認

(2) ウエイディング

図4-9に実習の様子を示します。

(a)入水する。

(b)腕のかきを推進のために使い、足で底の深さを確認するように前進しながらゆっくり移動する。

(c)対岸に着いたらそのまま反転し出発したプールサイドに向かって戻る。

プールサイドの横方向に移動するわけだから深さは普通一定ですが、川や海などの自然水域やレジャープールなどでは横方向で深さが一定しないことを強調します。特に「背が立つところから立たないところに移動したときに溺水する例が極めて多く、深みというのは３ｍも５ｍもある深さをいうのではなくて、背の立つと思っていたところにたまたま存在する、自分の背の高さ程度の水深のことをいいます」とコメントするとよいでしょう。

図4-9　ウエイディングの様子

図4-10　ペットボトル背浮きの展示と実習

4-1-4 背浮き

(1) ペットボトル背浮き

この実習では、ペットボトルを持つ背浮きであおむけの状態に慣れます。図4-10に展示による指導法を示します。

(a)ペットボトルは2L程度のふた付きを使用すると伝える。

(b)大きく深呼吸をして十分な空気を肺に蓄えた後、ペットボトルをへその辺りに両手で持ち、静かにあおむけとなる。

(c)安定したら心の中で30以上数えて背浮きでしっかり浮けることを示す。展示が終了して立つときには、膝を曲げるとともに腰を落とし、身体を垂直にしながら立ち上がる。

(d)引き続き全員で受講者による実習に入る。

ペットボトルと浮く靴の組み合わせはよく浮きますから、全員が浮けるはずです。時間を計って指示があるまで浮き続けるように指示します。その場合は3分が適当です。

(2) 靴背浮き

ペットボトル背浮きに慣れたら、図4-11に示すようにペットボトルを放して靴の浮力だけで靴背浮きを行います。

(a)ペットボトルを両手でしっかり持つ。

(b)足で水底を蹴り、顎を引かずに背浮きに移る。顎を上げていけば自然に足が浮上してくる。

(c)ペットボトル背浮きで一度安定する。

(d)安定したら、ペットボトルを持つ手を離す。

(e)もし脚が沈みそうなら、両腕を頭の方向に移動する。図では大の字のあたりでバランスが取れた。爪先に注目。

(f)、(g)終了したら両腕を下方から脚の方角にかき、膝を曲げるようにして腰を落とす。

(h)身体が垂直になったら足を水底に着ける。

この後、背浮きの効果測定を行います。5分で、ペットボトルの有無は問いません。背浮きの効果測定が終了したら全員プールから上がって小休憩を取り、その後着衣します。

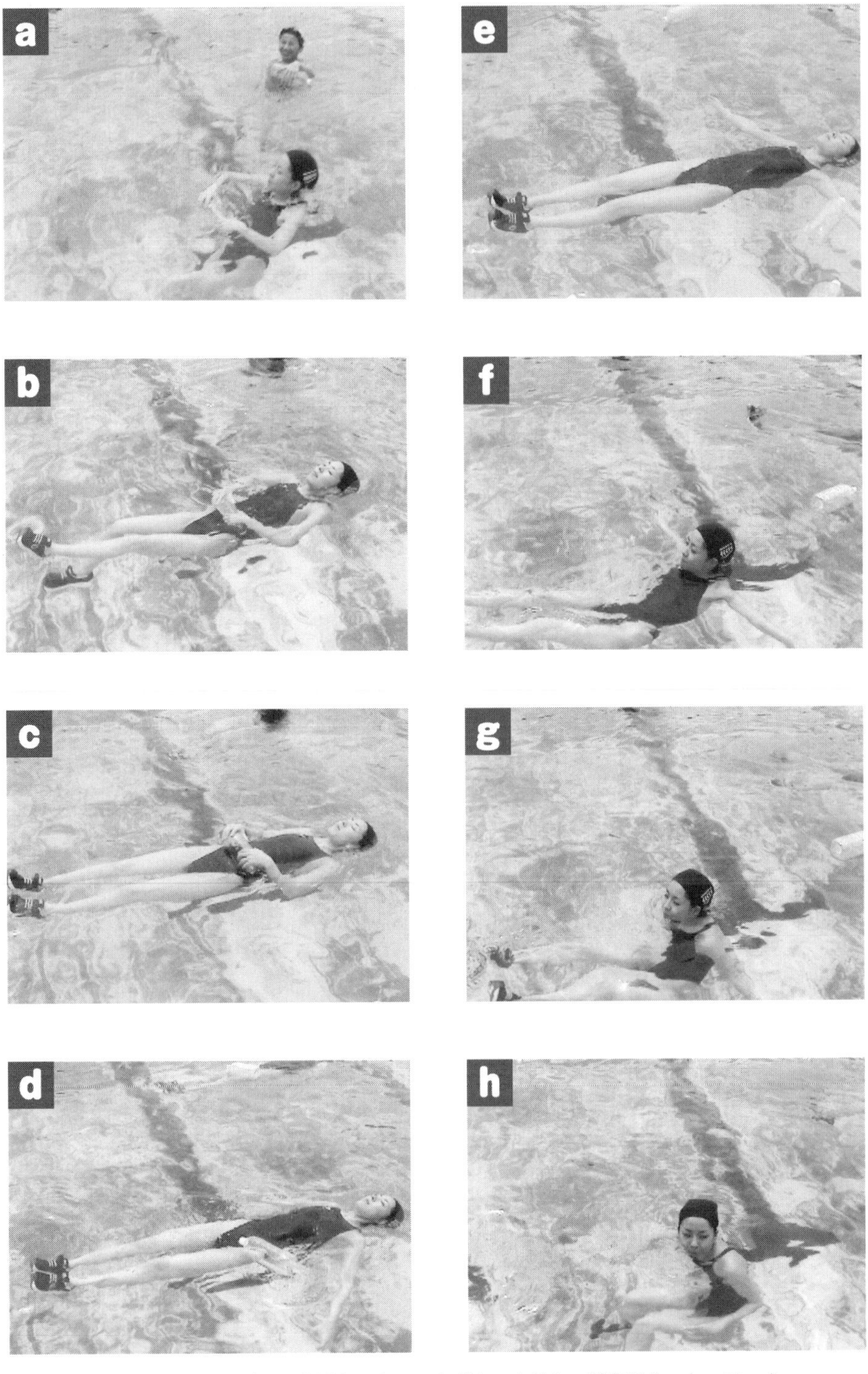

図4-11　ペットボトル背浮きからペットボトルを放し、靴背浮きへもっていく

b

図4-12　転落入水（落水）の展示の仕方

4-1-5 転落入水（落水）

着衣して点呼を取ったら、落水に移ります。プールサイドからの落水では、指導者が説明しながら受講者をモデルとして展示を行います。モデルに、「両手を水平にして大の字で腰を引かずに落ち、落ちたらしばらく浮いて、声を掛けたら平泳ぎに変換してプールサイドに戻ってくる」と流れを説明します。

まずモデルが直接プールに向いて、オーバーフローに立ちます。モデルと指導者の双方で前方に障害物がないか、安全確認を行います。そして、モデルに深呼吸をするように指示します。図4-12にその後の展開例を示します。

(a)モデルと指導者の双方で前方に障害物がないか安全を確認する。

(b)指導者の手でモデルの肩を優しく押してプールに落とす。あまり勢いよくしない。

(c)バランスを崩しながらプールに落ちていく。

(d)しばらく背浮きで浮いている。30秒くらいたったら平泳ぎで戻るように声を掛ける。その後、全体練習に移る。

練習のときには２列横隊になり、バディー同士で組んで練習をします。合図で１人ずつ落水するようにして安全を守りましょう。

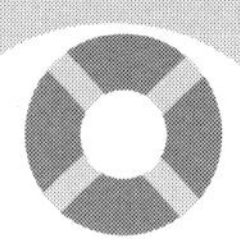

4-1-6 寄り添い（ペットボトル）

寄り添い（ペットボトル）では２本のペットボトルを使用します。展示では指導者が直接プールに入り、受講者に投げてもらったペットボトルを受け取るようにします。図4-13に従い展示の流れを説明します。

(a)入水する。岸から離れないように、プールの壁に両足をつけてから背浮きになるとよい。慣れないうちは５ｍも離れるとペットボトルが思ったとおりに届かない。

(b)プールサイドの受講者がまず１本目のペットボトルを投げ入れる。背浮きの指導者の胸にちょうど載るようにする。そのペットボトルを持ってペットボトル１本背浮きに入る。

(c)指導者が２本目のペットボトルを受け取る。

(d)ペットボトルを左右の脇の下に抱えて、膝を曲げて身体を起こすとともに、立泳ぎの要領で岸に戻る。

全体練習に移ります。２列横隊になり、４人１組のツーバディーシステムで組んで練習をします。こうすればペットボトルが４本確保できます。２本届かなかったら、２本とも届くまでペットボトルを投げ続けるようにします。

なお、ペットボトルには水を入れないようにします。

図4-13　寄り添い（ペットボトル）の展示の仕方

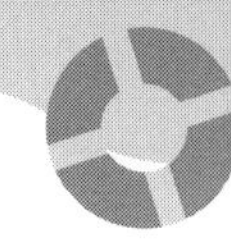

図4-14　回復動作

4-1-7 回復動作

水災害時にかばんを持って避難している最中に水が溢れてきたことを想定しています。浅瀬を歩いているつもりだったのにいきなり深みにはまってしまったときに、かばんの浮力で浮上する訓練を行います。かばんは人が持つ小物でもよく浮く部類に入ります。中身が詰まっているほどよく浮きます。ここではリュックサックを例にして説明します。

展示に使うリュックサックにはあらかじめポリ袋に詰めた着替えやタオルなどを入れておきます。全員をプールサイドに集めたら、リュックサックの中を見せて、中身が詰まっていることを確認します。水害や津波のときの避難を想定していて、避難所で必要になるようなものを入れてあると説明します。

リュックサックの持ち方を説明します。特に視界を遮らないのであれば胸の前で抱えるようにして担ぎます。だらりと下がらないように肩バンドの長さを調整します。図4-14に示すようにモデルとなる受講者に担いでもらいます。

(a)浅瀬を歩いてもらう。

(b)そのまま沈水する。

(c)完全に水没。少し我慢していると身体が浮き上がってくる。背浮きになり周りの状況を確認する。

(d)元いた場所に背面キックを利用しながら移動して戻る。

その後立ち上がりますが、リュックサックの浮力があると浅瀬で立ち上がるのが難しくなります。焦らずゆっくりと立ち上がるように指示してください。

4-1-8 退水作業

時間があれば、退水作業の前に、釣具救助の展示を行います。具体的な方法は、4-2-15で解説します。

これで終了するならプールサイドに全員集合し、プールに平行になるように２列横隊を作ります。２列横隊のまま、全員を指導者側に向かせて、指導者が「バディー」と声を掛け、点呼を取ります。

図4-15に示すように、講習会の総括をして、機会を見つけてこのような練習を行ってほしいこと、周囲の人たちに広げてほしいことを伝えます。

あいさつを行い、清潔作業に移ります。清潔作業ではうがいをしてシャワーを浴びます。全員がプールサイドから出たことを確認してから、事務室に終了報告をして、指導者も更衣室に向かいます。

図4-15　退水作業の際の総括

図4-16　指導員養成講習会におけるあいさつの様子

4-2 指導員養成講習

ここでは水難学会指導員養成講習会の流れを説明します。ういてまて教室を小学校などで積極的に展開している水難学会では、統括指導員と養成指導員が新しい指導員をこのプログラムに従って養成しています。ここでは、指導員養成講習を実施する指導員向けに講習会の展開方法を解説します。

4-2-1 実習の準備

(1) プールの準備

統括指導員は1回の講習会で1人以上、養成指導員は受講者10人につき1人を基準として配置します。例えば受講者総数30人で3班編成にした場合、統括指導員1人と養成指導員3人が指導に当たります。統括指導員あるいは養成指導員のうち経験の深い指導員が主任指導員となり実技プログラムを進行します。

主任指導員は、受講者より先にプールサイドに上がり、プールの状況の確認とプール管理者へのあいさつを行います。プールの状況として、使用できるコース、プールの深さと深さ分布、水温・気温を最終確認します。

基本的には、指導員養成講習会ではプール全面を使用するので、コースロープは全て外します。全ての受講者の背が立つようにプールの深さは最深でも150cm以内である必要があります。ただし、150cmの深さでは少なくとも身長が160cmないと顔を出しながらのウエイディングは難しいので、女性の受講者が多いときにはプール洗濯機などの実技で注意を怠らないようにしなければなりません。

(2) あいさつ

受講者全員に対するあいさつと班分けした班内でのあいさつに分けて行います。図4-16に示した受講者全員に対するあいさつでは、各指導員の自己紹介、指導員養成講習会の意義、

注意事項を伝えます。

指導員の名前と所属について紹介した後、指導員講習会では、既に習得している実技の確認を行うこと、指導法の技術と受講者の気持ちを理解することに重点が置かれることを説明します。さらに注意事項として、プールの深さとその分布、気温・水温についてその日の状態について説明します。また講習の途中で隊列を離れる際には、指導員に一言伝えることをしっかり周知します。ロッカーベルトや時計など他人を傷つける恐れのあるものを外して、人が踏んだり座ったりすることのない場所に置くように指示します。

一方、班内でのあいさつでは、担当指導員と受講者のそれぞれが自己紹介を行います。実際の指導現場では指導員がTシャツや着衣状態で指導してはいけないと注意喚起します。さらにそれはなぜかを受講者に問います。

(3) バディー編成と点呼

バディー編成を行い、その後簡単に解説します。点呼を行うときには、受講対象に応じてバディーシステムとツーバディーシステムのいずれかを選択することを確認します。

バディーシステムは受講者が小学校低学年あるいは人数が10人以下で人数確認が容易なときに選択します。図4-17に練習の様子を示します。一方、ツーバディーシステムは成人でかつ受講者の人数が多いときに選択します。一目見て人数が直ちに把握できるのは10人程度が限界ですから、総勢12人になったら4人1班で3班編成のツーバディーシステムを組みます。班の中でも前列に並んでいる順番の若い受講者がリーダーとなります。

点呼指導の際には「点呼はういてまて指導の中で最も重要な実技である」と強調します。ういてまて教室には実際の事故を想定して行う実技が多く含まれます。すなわち事故の危険と隣り合わせであることを認識し、事故防止を意識しつつ受講者の状態を把握しながら講習会を進めなければなりません。

図4-17　点呼の取り方の練習

図4-18　入水の展示の仕方と実習の仕方

4-2-2 入水

【指導】 着衣状態での水の事故ばかりでなく、水泳中も入水直後に溺水することが多いこと、入水時に注意することをきちんと守れば、多くの溺水を防げることを説明します。図4-18(a)(b)に入水の展示例を示します。プールサイドからの入水ではオーバーフローの形式により座る位置が異なります。

(a)プールサイドあるいはオーバーフローに直接腰掛ける。両足をプールに入れて両手を使って膝から上に水を掛ける。さらに両腕、胸・腹に水を掛けていく。頭に水を掛ける。さらに背中にも水を飛ばしながら掛けていく。

(b)プールサイドにしっかり両手をついて、身体の向きをプールサイドに向くようにし、ゆっくり身体を沈めていく。一回頭まで潜り、浮き上がったら、口頭による指導に移る。

口頭では、「入水時の事故の多くは、深さを確認しないで入ったことによることが多い。足先で水底を確認しながら入り、水底に足が着かなかったら腕の力でプールサイドに上がれる、上述の方法が最も効果的である」と強調します。

一度入水したら、プールからの上がり方も展示します。腕の力で上がれるのであれば、体をひねりながらオーバーフローに腰掛けます。深いプールで腕の力で上がれないようであれば、付近のはしごを使って上がります。

【実習】 水掛けが終了したら、全員右手（左手）を固定して体を右（左）にひねるようにして、背中をプール側に向けるように指示します。図4-18(c)(d)にその様子を示します。右・左は、その方向に体を向けるとより浅い方に移動することになるように現場で判断してください。

入水はバディーの前列から行い、前列が入水したら後列が入水します。全員が入水したら一度頭が隠れるまで潜るように指示を出します。

入水は癖がつくまで、実技の時間全てをとおしてしっかりと繰り返してください。

4-2-3 立ち方

図4-19　立ち方の練習

【指導】立ち方は簡単なようで難しい実技です。水泳経験の豊富な人はさりげなく行うことができますが、日頃から水に慣れていない人は、なぜできないのだろうと首を傾げるくらいできません。さらに立ち方で失敗してパニックになることすらあります。指導員は心して立ち方の指導を行わなければなりません。立ち方の指導ポイントとして、息をしっかりこらえながら、落ち着いて行動することを強調します。

受講者を円形に集めてその中心で、背浮きから立ち方まで一連の動作の展示に入ります。図4-19に例を示します。

(a)大きく息を吸ってから背浮きを行う。足が少しずつ沈んでも構わない。

(b)両腕を脚の方向に向かってかきながら上体を起こす。両腕を動かしながら、なおかつ空気を胸いっぱいに吸いながら上体が沈まないように保持し、膝を曲げ始める。

(c)初心者は上体が保持できないので、図のように顔を水没させ、腕をかきあげる。呼吸法により上体が保持できれば顔が沈まないが、この方法は慣れないと難しい。いずれにしても吸気は十分に行っておく必要がある。

(d)頭がほぼ水面に垂直になったら、身体を垂直にし脚を伸ばして水底に足を着ける。上半身を上げて顔を水面に出して静かに立つ。

指導員として展示するときには、動作全体に少し時間をかけます。足を沈めるときに膝を曲げる動作が重要であることを伝えます。さらに腕のかき上げ方にこつがあることにも触れます。そして受講者にゴーグルを着けて潜ってもらい、水中展示を行います。

【実習】全体に広がり受講者のバディー同士で練習します。練習しながら、なぜ顔を水につけるとやりやすいのか、腕のかき方はどのようにするとよいか、膝はどのタイミングで曲げるとよいか確認してもらいます。また、靴の有り無しによる立ちやすさ、立ちにくさも確認するようにします。

図4-20　プール洗濯機の実習の様子

4-2-4 プール洗濯機

【指導】 プール洗濯機はウエイディング実習の一つであり、プールの深さを足で確認する、水の中での身体の使いこなしに慣れる、流水を作ることで流水における身のこなしを行う、という目的で行います。

指導に当たっては、以下の注意事項を受講者に周知します。

(a)受講者の人数によっては実施できないプログラムである。

(b)小学校低学年など小さな子どもは走れなかったり、水流に足を取られたりして溺れる危険性がある。

(c)水深に対してぎりぎりの受講者は成人でも水流に足を取られて溺水する危険がある。

(d)先頭を走る者は体力的な負担が大きいため、人選が肝心だ。

【実習】 主任指導員はプール全体を見渡せる位置に立って、他の指導員を含めて５点配置とします。この５人で異常があった場合にはすぐに対処できるようにします。実習は図4-20に示した要領を一例として展開します。反時計回りに回るので、その方向を向いて２列で待ちます。３グループ編成であれば、プール内の３カ所で待機します。回る回数をあらかじめ全員に知らせます。ただし25mプールでも日頃から運動していないと３周はきついです。

(a)合図とともに反時計回りで全員で周回を始める。まずは歩く。前向き、横向き、後ろ向きはそのつど主任指導員が指示を出す。慣れてきたら走る。目安としてはだいたい流速２mくらいになるようにする。

(b)、(c)途中でプールの内側に入り込み、輪が小さくなる。ショートカットできないように指導員は要所で交通整理を行う。

(d)規定の回数を回ったら反転するように声を掛ける。流れとともに移動していると水の怖さを感じないが、反転した瞬間に水の強大な圧力を感じて、声をあげる。しばらく水に逆らってウエイディングを続けるように指示する。

4-2-5 潜水

【指導】 指導の中では、水の中で自在に振る舞うのに、呼吸法が大変重要な役割を果たすことを説明してください。潜水は、自分の体のかさ比重を自分でコントロールするための訓練ですから、市民を指導する指導員はそのこつを早いうちに身に付けなければなりません。

展示では、全員をプールの適切な場所に指導員を中心に円を描くように集めます。指導員は、まずいきなり足から潜るフィートファーストダイブで潜って見せます。潜ったら水底に張り付いて、10秒以上はそのままにしてください。その後ゆっくりと浮上します。受講者が少し心配になるころ、浮上するのがこつです。

続いて受講者にゴーグルを掛けてもらい水中展示を行います。水中での呼気は分かりやすいように少し大きめに吐きます。また、体はしっかりと水底につけてください。

【実習】 各班に分かれてそれぞれの班の指導員が指導しながら、バディー同士で確認し合います。確認事項として、潜る前にしっかりとジャンプしているか、足が水底付近にて後方に反っているか、水中にて息を吐ききっているかという点を挙げます。実習の様子を図4-21に示します。

体を水底に接することができない受講者がいたら、個別指導します。上述の確認事項がきちんと実践できているかどうか、しっかりとチェックします。さらに少し背中を押しながら潜水を補助してみます。

図4-21　潜水の実習の様子

図4-22　靴の確認（具体例は150ページ図5-32を参照のこと

4-2-6 背浮き

【指導】 背浮きはういてまてにおける救助姿勢の基本技術であること、身に着けている靴や服の間の空気の浮力の使い方、呼吸法などのこつを複合的に活用する実技であることを受講者に伝えます。さらにバランスを身体で覚えなければならないことを強調します。

一般向けのういてまて教室では背浮きが到達目標になります。従って、指導員は背浮きの練習が容易に進むように、補助の方法を習得しなければなりません。指導に当たっては、以下の注意事項を受講者に周知します。

(a)靴の浮き沈みの確認は特に入念に行う。沈む靴を履いていると、その後の実習に大きな影響を与える。

(b)背浮きの実習は、浮きやすい実技から浮きにくい実技へ段階を踏むこと。

(c)浮きやすい実技は、立ちにくい実技でもある。受講者のパニックに十分注意する。

(d)浮くための道具も重要だが、呼吸法が最も重要である。

図4-22に示すように、まず靴の浮き沈みの確認を行います。靴を手に持ってプールに入水します。指導員を囲むように受講者を集めて、指導員が手持ちの靴を一足（左右とも）水中に入れます。次に、水中で靴底が水底を向くようにして、靴をよく振り空気を全て出します。空気が抜けたら、静かに水中で手を離します。初心者では、靴を単純に水面に浮かせて浮いたと勘違いした例や、靴底を水面に向けて（靴の中に空気が残った状態で）浮かせた例があるので注意します。そのような靴が実は水に沈む靴で、結局背浮きができないと訴えてくる例があります。靴の浮き沈み確認はポイントを押さえてしっかり指導するようコメントします。

靴の浮き沈みの確認が終わったら、指導員は一度プールサイドに上がります。そして展示のため靴を履いて、再度入水します。ペットボトルを持ち、そのまま背浮きをします。

その後の説明として、「一般講習では背浮きが関門になるので、ペットボトルを抱えて、浮く靴を履いて行う背浮きから始めます。この実技は一番浮きやすいので全員が確実にできます」と伝えます。次にペットボトルを抱えた展示に戻り、ペットボトルを放して、靴を履いただけの背浮きに移行します。そのまま気をつけの姿勢で浮きます。この一連の流れを展示したら実習に入ります。なお、中にはまれにうまく浮かない場合があり、そのときには、腕をバンザイ姿勢にするよう指導することも付け加えます。

【実習】 班内でペットボトル背浮き、靴背浮き、背浮きのそれぞれの実習を実施します。

(1) ペットボトル背浮き、靴背浮き

図4-23にその様子を示します。バディー同士で、ペットボトル背浮きから相手をサポートするようにして行います。

(a)靴をプールサイドで履く。引き続き入水する。

(b)ペットボトルをへその周辺で両手により保持し、指導員役が腰を支えるように補助して背浮きの姿勢に移る。

(c)大きく息を吸うように指示して、支える手が軽くなったらモデルを支えている手をゆっくり離す。

(d)ペットボトルをゆっくり放すようにモデルに指示する。そのまま靴だけの背浮きに移行する。

背浮きの補助には気を付けなければならない点があり、それをしっかりと受講者に伝えます。

(a)補助している手が相手を浮き上がらせるようにしている場合、急に離すと相手が水中に没してしまう。

(b)相手が異性の場合、補助する位置に気を付ける。また補助する手をグーに握ったり、手のひらを水底に向けたりといった配慮を怠らない。

(2) 背浮き

全員が靴だけの背浮きで浮けることを確認したら、浮具な

図4-23　ペットボトル背浮きの実習

図4-24　靴なし背浮きの実習

しの背浮きに移行します。ペットボトルと靴をプールサイドに置いて、バディー同士で練習します。

【指導】 指導者による背浮きの展示から行います。もちろん展示を行う指導者は補助者の補助を受けることなく１人で背浮きができなければなりません。

(a)大きく深呼吸をして十分な空気を肺に蓄えた後、両腕を伸ばし、水面に静かにあおむけとなる。

(b)必要があれば手首を垂直に立てて、水面上に出す。バランスで脚が水面に上がってくる。

(c)少し腰を引き気味にすると爪先が水面上に出てくる。安定したら心の中で30以上数えて背浮きでしっかり浮けることを示す。

(d)呼吸する必要が出てきたら、素早く呼吸して常に胸に空気が充満している状態にする。

(e)立つときには、膝を曲げるとともに腕を腰の位置に移動する。水中から水面に腕で水をかき上げるようにして反動をつけ、その反動で足を水底方向に持っていく。身体が垂直になったら、脚を伸ばし底に立つ。

「自分の身体をシーソーに見立て、脚が重ければ下半身が沈むし、腕が重ければ上半身が沈む。手首を垂直にして出したのは、その分だけ上半身を沈め、脚を浮かせた」と解説すると分かりやすくなります。

【実習】 次に２人１組で練習します。図4-24に要領を示します。

(a)モデルの腰と膝裏をしっかり両手で支える。モデルが両手を伸ばした状態であおむけになる。大きく息を吸うように指示する。

(b)腰を支えている両手が軽くなったように感じたらそっと手を離し、背浮き状態にもっていく。

(c)、(d)30秒くらい我慢して背浮きを実施してもらって、腰を再び支える。その後に立つように指示する。

4-2-7 背浮きの補助と移動

(1) スカーリング

【指導】 プールの角に全員を集めて展示を行います。スカーリングは腕のかき方が特殊でなかなか理解が得られないので、まず陸上における展示で腕のかきをしっかり確認し、併せて体で動作が覚えられるように、全体ならびに個人に配慮して指導します。腕の動きは、1、2、3、4というように号令で一斉に動かすように指導します（51ページ図2-21を参照のこと）。

陸上での腕の動きがスムーズになったら水に浮きながらの展示に移ります。展示の様子が受講者からよく見えるように、受講者はプールサイドから展示の様子を確認します。指導員はまずプールサイドで靴を履き、その後入水します。スタート台下から背浮きになり、スカーリングの展示に移ります。

アーティスティックスイミングでは、スカーリングは浮く、前進、後進のできる実技ですが、ういてまて教室では「背浮きの補助として捉える」とあらかじめ説明してください。そのため、スカーリングで移動せずに浮きながら展示をしてください。

「スカーリングを使うときは、背浮き状態で靴の浮力に期待できないとき、波が強いとき、体位変換のときなど身体を浮かせる必要があるとき」というようにアドバイスします。

【実習】 図4-25にスカーリングの実技の様子を示します。受講者はあらかじめプールサイドで靴を履きます。入水してからプール全体に広がります。移動するわけではないので、必ずしも1列になる必要はありません。班ごとに指導員の指示により背浮きの状態になり、スカーリングを始めます。靴の浮力のおかげで安定して背浮きができるので、スカーリングの上手下手は見た目ではあまりよく分かりません。スカーリングをすることによって靴の爪先が安定して水面に出ていれば、一定の効果があると判断します。

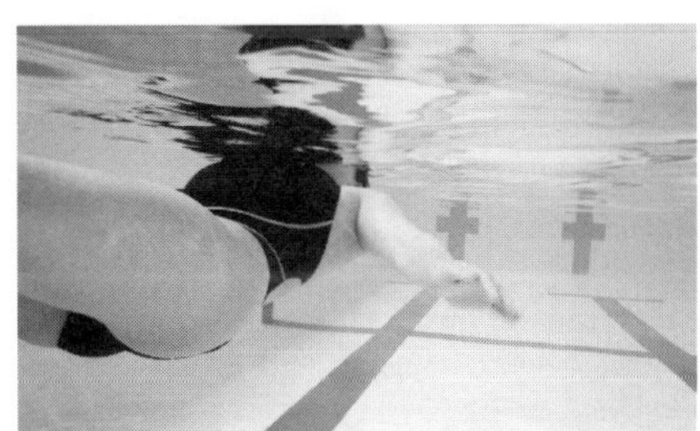

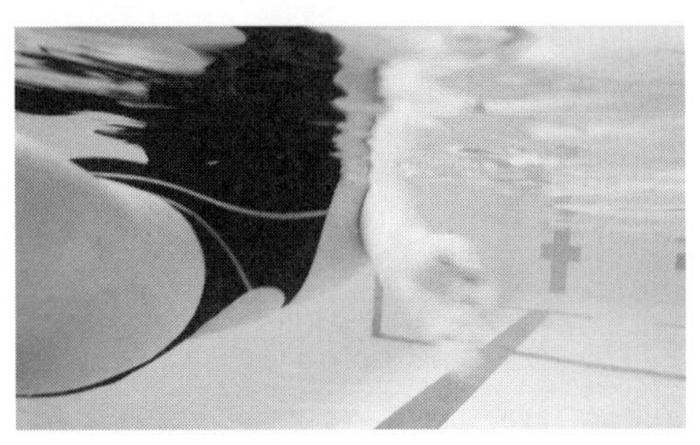

図4-25　靴ありスカーリング

図4-26　靴ありフィニングと靴ありエレメンタリーバックストローク

(2) フィニングからエレメンタリーバックストロークへ

【指導】 スカーリングと同様にプールの角に全員を集めて展示を行います。フィニングはスカーリングに比較して腕のかき方がやさしいので簡単に理解が得られます。まず陸上における展示で腕のかきを確認し、併せて体で動作が覚えられるように指導します。「エレメンタリーバックストロークはフィニングの腕のかきを大きくして、さらに平泳ぎのキックあるいはバタ足を使って進む」とコメントします。

陸上での腕の動きがスムーズになったら水に浮きながら展示に移ります。指導員はまずプールサイドで靴を履き、その後入水します。スタート台下から背浮きになり、フィニングの展示に移ります。10m程度をゆっくり移動し、往復します。受講者が理解できたら、次にエレメンタリーバックストロークの展示に移ります。

「フィニングを使うときは、沈水した後、直ちに水面に浮き上がる必要のあるときで、これを回復動作といいます。またエレメンタリーバックストロークはより安全な場所に移動しなくてはならないときに使います」というようにアドバイスします。

【実習】 図4-26(a)(b)にフィニングの実技の様子を示します。受講者はあらかじめプールサイドで靴を履きます。まずバディー前列が横一列に広がり入水します。入水したら背浮きになり練習を開始します。25mプールであれば、横方向に移動していきます。向こう岸に到達したら、バディー後列が入水して同様に練習を開始します。

全員が往復したら、図4-26(c)(d)のようにエレメンタリーバックストロークの練習に移ります。フィニングと同じ順序で練習を進めます。「ゆっくりと進むこと、競争しない」と指示してください。また、平泳ぎのキックで膝が必要以上に水面に出ている場合と激しいバタ足の場合には個別に指導します。

(3) 立泳ぎ

【指導】スカーリングと同様にプールの角に全員を集めて展示を行います。本格的な立泳ぎは呼吸法と足の使い方が難しく、初心者がすぐに習得できるわけではありません。ところが、ここで実施するペットボトルを浮力体に使う方法であれば、初心者が比較的楽に実施することができます。それを短時間で受講者に習得してもらいます。

展示では指導員１人がペットボトルを２本持って入水します。靴は履いてください。入水後直ちに背浮きにて水面待機します。そのとき、ペットボトルはへその周辺にて手でそれぞれ確保します。陸上の指導員の説明によって実技を進めます。指示があったら、１本ずつ脇の下にて確保します。手はペットボトルの口を握ります。２本とも脇の下に確保できたら、背浮きからの立ち方と同じ要領で上半身を起こします。上体が起きたら軽く足を使って浮力を得ます。このとき独特の呼吸法と足の回し方がペットボトルの浮力で補助されるので初心者でもできるようになります。

【実習】図4-27に立泳ぎの実技の様子を示します。受講者はあらかじめプールサイドで靴を履きます。各班ごとに分かれてプール全体に広がり、それぞれの指導員の指示の下で練習を行います。靴の浮力で体を回転させるのが少々難しいのですが、焦らずにゆっくりと上半身を起こせば少しずつ足が下がっていくので、このあたりの感触を各指導員はこつとして指導していきます。

図4-27　浮具あり立泳ぎの実習

図4-28　災害対応の実習の様子

4-2-8 災害対応

【指導】 災害対応は水が陸に上がってきたとき、どうしてもウエイディングで避難しなければならない状況下で、万が一トラップにはまったときの対応の仕方です。ウエイディングと浮具あり・なし背浮き、さらに移動を組み合わせた実践的訓練です。緊急時に慌てずに水の中での身体の使いこなしに慣れる、トラップから逃れる、という目的で行われます。プールサイド寄りにプールフロアなどを使って各班ごとに浅瀬を作ります。そこから指導員の指示の下で沈水します。

指導に当たっては、以下の注意事項を受講者に周知します。

(a)より現実的なトラップに似せて、浅瀬を作る。

(b)浮具を必ず胸あるいは背に持たせる。

(c)背面キックの練習をあらかじめきちんとしておく。

【実習】 図4-28に示した要領で展開します。

(a)中身の詰まったかばん（なければペットボトル）を前に抱くか、背負うかして浅瀬をウエイディングする。

(b)トラップで沈水する。足が水底に着かないように膝を曲げるように沈む。

(c)、(d)かばんの浮力で浮上し背浮きになり落ち着き、そのまま背面キックで浅瀬に戻る。

複合的な練習の性格上、どこで何をするべきか受講者に分かりづらいので、展示のときには、実技と実技の切り替えポイントごとに少し動きを止めたりして、受講者によく見えるようにします。一連の展示が終わったら、要所ごとの説明を行います。

浮具を持って沈水する練習が終わったら、浮具なしの練習に移ります。こちらでは沈水後にフィニングを使って２～３回腕で水をかいて水面に浮上します。それ以外は浮具を持って沈水する練習と同じです。

4-2-9 効果測定Ⅰ（5分間背浮き）

背浮きまでの実技が一とおり終了したら、全員で効果測定（実技試験）を行います。効果測定では5分間の背浮きを試験します。背浮きの方法は、靴のみあるいはペットボトルのみのいずれかで、受講者それぞれに自分自身で選択してもらいます。図4-29に効果測定中の様子を示します。

まず全体に効果測定の段取りについて説明します。説明後、おのおの必要な資材を持ってプールに入水します。なお、成人1人当たり2.5m×2.5mの空間（面積6.25m^2）が必要になるため、25m×13mのプール（面積325m^2）では52人が一度に効果測定が実施できる絶対的な限度です。

立っているとそれほど混んでいるように見えませんが、背浮きを始めると最初から隣同士で近づきすぎるところも出てきます。背浮きをしながら徐々に流れていくので、どこかで接触します。ペットボトルを持っているとバランスが取れているので離れようとしても背浮きを崩すことがありませんが、ペットボトルを持っていないと離れようとしたときにバランスを崩して立ち上がったりします。

背浮きをしていると耳が水面の下に隠れるので、陸上の音がよく聞こえません。始めと終了の合図は声に加えて笛を併用します。この効果測定は全員ができることを前提としているので、ここで合否をつけるわけではありません。しかしながら安定して浮くことは指導員として最低限会得しておかなければならない実技です。

効果測定Ⅰが終了したら全員プールから上がり、全員集合して点呼を取り、休憩前の人数チェックを行います。その後身体を拭いて休憩に入ります。次の実技までに衣服を着て、靴を履いて準備します。

図4-29　効果測定Ⅰ

図4-30　着衣ウエイディングの実習

4-2-10 着衣ウエイディング

【指導】 水着で行ったプール洗濯機にペットボトルを持ちながら着衣で挑戦します。靴を履いた状態でのプールの深さの足による確認、水の中での着衣状態にある身体の使いこなしに慣れる、流水を作ることで流水における着衣状態にある身のこなしに慣れる、という目的で行われることを周知します。

指導に当たり、以下の注意事項を受講者に周知します。

(a)着衣状態にあるので、身体の自由が利かない。

(b)小学校低学年の子どもは走れなかったり、水流に足を取られたりして溺れる危険性がある。

(c)水深に少しでも不安があったらやらない。

(d)先頭を走る者ばかりでなく、隊列全体で体力的な負担が大きい。

【実習】 主任指導員はプール全体を見渡せる位置に立ちます。他の指導員はプールの角に受講者が衝突しないように、角に入水して配慮します。

実習は図4-30に示した要領で衣服と靴を身に着けて展開します。また受講者全員がペットボトルを持ちます。水着のときと同じように、全員で入水した後、そのままプールのへりに位置します。反時計回りに回るので、その方向を向いて２列で待ちます。３班編成であれば、プール内の３カ所で待機します。主任指導員による指示に従います。開始前に１周回るとか３周回ると決めて、全員に知らせます。

(a)、(b)指導員を先頭に合図とともに反時計回りで全員で周回を始める。歩いているようであれば走るようにハッパを掛ける。目安としては流速２ｍくらいになるようにする。

(c)規定の回数を回ったらあらかじめ決めておいた場所から先頭指導員の指示でペットボトルを抱いて背浮きに入る。そのまま自然に流れ始める。

(d)流れの速いところでは速く進むが、よどんだところでは受講者もよどむので、指導員は引っ張って流れに戻す。

4-2-11 転落入水（落水）

(1) 自ら入水

【指導】 プールの長辺に全員を集めて展示を行います。ここでは自ら着衣状態で落水するときの実習における注意点をしっかり伝えます。

注意点は次のとおりです。

(a)バディー同士による水面・水中の安全確認を必ず実施する。

(b)落水後、直ちに背浮きを行い、安定する。両手の位置は気をつけから体中心線の垂直位置（大の字）までのいずれかとする。

【実習】 各班ごとに分かれて実習します。十分に広いプールであれば全バディーが一斉に入水しますが、バディー間隔が狭い場合には奇数バディーが先、偶数バディーが後というように順番を決めます。

図4-31に自ら入水する実技の様子を示します。

(a)バディー同士で水面・水中の安全確認を行う。

(b)自ら順下で入水する。

(c)フィニングを使って沖に出ながら水面に浮上し、背浮きに移る。うつぶせのまま浮上したら、体の軸を中心に体を回転させて背浮きになる。

(d)岸に近づくように移動する。背面キック、フィニング、エレメンタリーバックストロークのいずれかとする。背面キックではバタ足でも平泳ぎの足にしても、膝を含む脚が必要以上に水面に出ないようにする。プールのへりに到着したら終了。

各班の指導員は受講者の背浮きの時間に気を付けてください。浮上してすぐに移動を始めることがないよう注意します。また、背面キックのときに脚が必要以上に水面に出ていたら個別に指導します。少しずつ移動できればいいのであって、重要なのは移動の前に背浮きによる呼吸の確保だということを徹底します。

図4-31　自ら転落し入水する実習

図4-32　押されて入水する実習

(2) 落水

【指導】 プールの長辺に全員を集めて展示を行います。ここではバディーに押されて着衣状態で落水する実習における注意点をしっかり伝えます。

注意点は次のとおりです。

(a)バディー同士による安全確認を必ず実施する。

(b)オーバーフローのへりにおける落水役の足の位置を確認する。

(c)落水時の痛みを緩和するために体全体で水を受ける。特に背筋を伸ばすように。

(d)落水後、直ちに背浮きを行い、安定する。両手の位置は気をつけから体中心線の垂直位置までのいずれかとする。

【実習】 各班ごとに分かれて実習します。十分に広いプールであれば全バディーが一斉に落水しますが、バディー間隔が狭い場合には奇数バディーが先、偶数バディーが後というように順番を決めます。

図4-32に落水の実技を開始する前のバディー同士での安全確認の様子を示します。

(a)足の位置の安全確認を行う。さらに押す側の足の位置にも注意する。

(b)水面・水中の安全確認を２人で行う。

(c)最終的に押す側が安全確認を行う。

(d)バディー相手を押して落水させる。

この後は、自ら入水したときと同様に背面キックなどを活用してプールサイドに戻ります。なお各班の指導員は落水から受講者が浮上してくる際の体位に注意してください。特に鼻に水が入るのを恐れて猫背になっていないかチェックします。その場合には個別に指導します。

4-2-12 寄り添い（ペットボトル）

【指導】プールの長辺に全員を集めて展示を行います。この技術は溺者に寄り添うための一手段です。溺者の浮力が足りないときに、あくまでも浮力補助のために行います。従って、ペットボトルを取ろうとして溺者が浮力を失ったら本末転倒であることを強調します。「浮力体なしで背浮きが安定しているのであればそれが一番よい、余計なことをしない」というコメントを必ず付けてください。

指導時に受講者に問いかけてください。「どこを目標にペットボトルを投げればよいか、どのように受け取るべきか」。指導員が１人入水して、もう１人が陸からペットボトルを投げるようにして展示を行います。注意点は次のとおりです。

(a)ペットボトルを受け取るときには、前腕のみ水面に出してよい。
(b)２本目のペットボトルは腕を交差させずに取る。取れなければ取らない。すなわち１本取れればそれでよい。
(c)ペットボトル1本であれば背面キックにて陸に近づくように移動を始める。
(d)ペットボトル２本を抱えたら、両脇でしっかり保持して体を回転させて立泳ぎの姿勢になってよい。

【実習】各班ごとに分かれて図4-33のとおり実習します。バディーで２本のペットボトルがあるのでそれを使います。バディーの１人が順下で入水し、背浮きで待機します。もう１人がペットボトルを投げます。あまりもたついていると水面待機のバディーがプールサイドから離れていき、ペットボトルが目標に届かなくなります。もたつかないように注意してください。

バイスタンダーの掛け声が重要です。どのような時にも掛け声は「浮いて待て」と掛けます。返事はさせませんし、溺者役にも「返事は一切しないし、ジェスチャーも必要なし」と注意します。

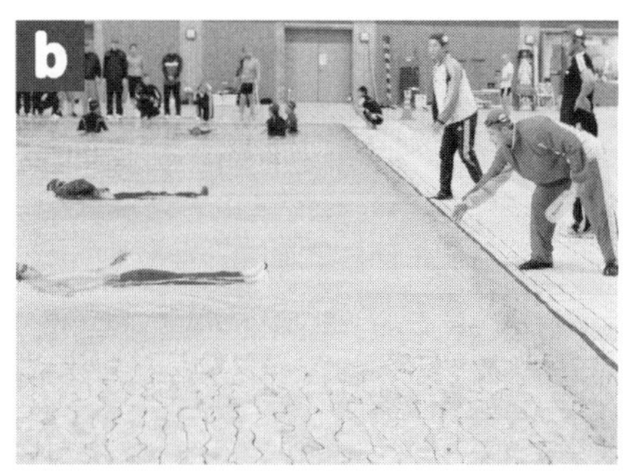

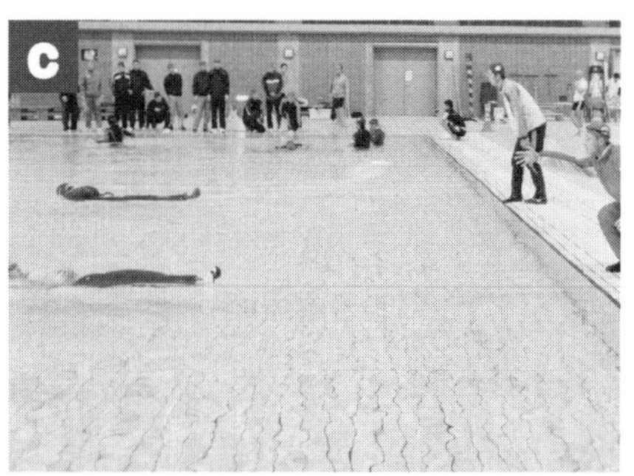

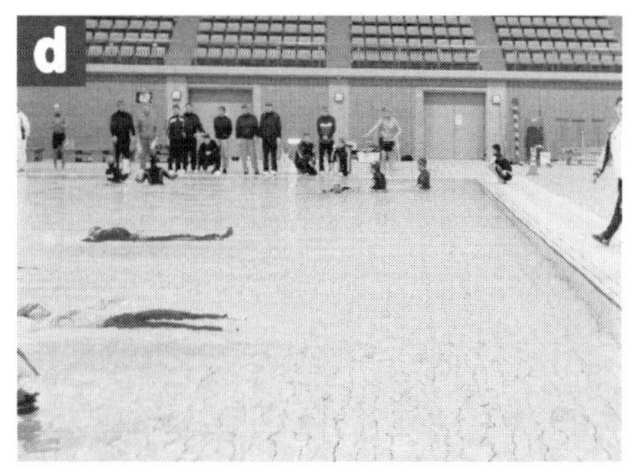

図4-33　寄り添い（ペットボトル）の実習

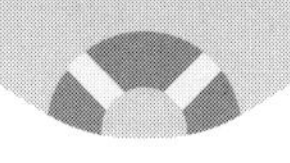

図4-34　総合練習の様子

4-2-13 総合練習

【指導】転落から背浮きに移り、そしてペットボトルで寄り添う実技は、指導員の効果測定対象実技です。寄り添い（ペットボトル）は、水難事故のチェーン・オブ・サバイバルを構成する一つの環としても意義のある訓練です。一見簡単な実技で、一般向けの講習会の実習の中ではあまり真剣にならないときもあります。しかしながらこの実技で実際に子どもが助けられています。まず、そういった基本情報を受講者に伝えて、確認します。

【実習】実習では投げ方、投達目標、受け取り方の全てについて指導します。投達目標がプールサイドから２m以内になるようにモデルに背浮きで浮いてもらいます。意外と近いように感じますが、ものを投げての救助は５mも離れると相当難しくなります。投達目標は、溺者の腹から胸とします。受け取り方は、腕を水面上に必要以上に出さないようにして、バランスを崩さない程度の範囲内のペットボトルをつかみます。理想的には胸の上に載ったペットボトルを両手でつかむようにします。

バイスタンダー側の実習の際の注意事項として次のことが挙げられます。

(a)上から、下から、横からなど、いろいろな投げ方を経験し確実な方法を模索する。

(b)声掛けやオーバーアクションが必要である。

(c)投達目標は腹から胸の上。実際には背浮きの状態で見える範囲でかつ手が届く範囲に落ちるようにする。

溺者側の実習の際の注意事項として次のことが挙げられます。

(a)安全なペットボトルのつかみ方を体得する。

(b)ペットボトルをつかんだまま方向転換や体位変換を行えるようにする。

【実習】実習の様子を図4-34に示します。実習では班内で１人当たり最低４回の練習を行います。この実技は最後の効果

測定での項目です。いろいろな位置に落ちたペットボトルのうち、取れるのはどの位置か、見えるのはどの位置かを確認するためのものでもあります。溺者から見て、水面上の浮具はほとんど見えないことを実感します。

図4-35に取り方の失敗例を示します。

(a)ペットボトルが投げ込まれて胸の上に載ったが、服にたまった空気が邪魔でペットボトルが見えない。

(b)ペットボトルがずり落ち始めて、左腕で探っているものの、やはりどこにあるか分からない。

(c)、(d)結局探すのを諦めた。バランスを崩すぐらいなら諦めた方がいい。

(e)やっと左手でペットボトルを探り当てたが、もう一本のペットボトルは下腹部に落ちた。ペットボトルを一本確保しているので、顔をあげてペットボトルを探せるようになった。

(f)下腹部にあるペットボトルを発見し、右手で確保しようとしたが滑って手から離れた。

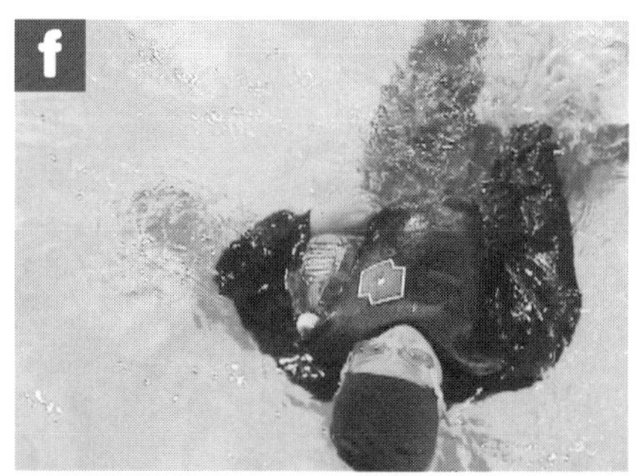

図4-35　ペットボトルの取り方の失敗例

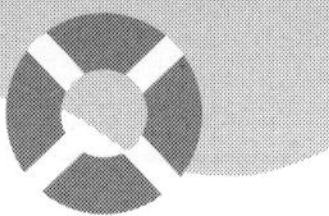

4-2-14 効果測定Ⅱ（寄り添い（ペットボトル））

【実習】 効果測定では、バイスタンダー側の実技と溺者側の実技の両方を確認します。バイスタンダー側にはペットボトル２本を投げ、うち１本が安定して確保できる位置に着水することを求めます。溺者側には安定して確保できる位置に着水したペットボトルを安全に確保することを求めます。効果測定用ペットボトルの大きさは２Lを標準とします。

バディーの２人１組で効果測定グループを組みます。ペットボトルは２本確保できるので、それを効果測定場所から５mほど離れたところに立てておきます。大きな流れとしては、落水→発見→通報依頼→ペットボトル投げ→励まし、とします。入水後に時間をおくと溺者役が沖に流されていくのでペットボトルの命中率が悪くなります。従って落水したらすぐにペットボトルを投げるよう心掛けます。ただし、大きな声で119番通報の依頼を忘れてはならないことを付け加えます。またペットボトルを投げるときには溺者に声を掛けることも忘れないように注意します。ただし相手に返事を求めてはいけません。

(a)各班を担当する指導員が班の効果測定を担当する。バディー同士でバイスタンダー、溺者に分かれる。
(b)溺者の肩を押して前向きで落水させる。
(c)背浮きの状態で待つ。水底に立ったら不合格。
(d)１本目のペットボトルを取る。取れなかったら２本目のペットボトルを取る。この時点で取れなかった場合、無理のない範囲内にペットボトルが落水したのに取れなかったら、溺者役が不合格となる。
(e)２本目のペットボトルを取る。取れなければそれでもよい。
(f)身体を回転させて移動の姿勢に移る。
(g)プールサイドに向かって移動する。戻る途中で水底に立ったら溺者役が不合格となる。

不合格の場合には、不合格者を集めて個別に再試験を行います。

4-2-15 総括と退水作業

効果測定Ⅱが終了したら全員プールから上がり、班ごとに点呼を取り、終了の人数チェックを行います。

全員を１カ所に集めて主任指導員があいさつを行います。この中では、指導員として活動するときには指導員養成講習会テキストを熟読して、指導員の心構えを常に頭に入れておくこと、実技、学科ともに会報やメーリングリストを使って最新の情報を常に集めることをコメントしてください。

引き続き寄り添い（釣具）に移ります。図4-36に示すようにリール付きの長さ3.0m未満の投げ釣りセットを準備します。針は付けずにセットに付いている錘（おもり）だけを装着しておきます。その釣具につなげる500mLあるいは２L程度のペットボトルも併せて準備します。この実技は展示にとどめます。１人の指導員が溺者役でプール入水して、背浮きにて水面待機します。プールサイドから５m以上離れます。

(a)バイスタンダー役がペットボトルを投げる。たいていは届かない。

(b)釣具の先端の錘を糸ごとペットボトルに入れて、ふたをする。

(c)投げ釣りの要領で溺者役に渡す。失敗したらすぐにリールを巻いて、再度投げ入れる。

(d)溺者役がペットボトルを確保したら、ゆっくりとリールを巻いて陸に引き寄せる。

この方法は、釣りのときに落水して亡くなる事故が最も多いことを想定しています。浮力体を渡す確実な方法で、現場でも救助例があります。万が一糸が切れても浮力体は溺者の手元に残ります。周囲の釣り人の協力が得られれば、さらに確実に生還のチャンスが得られます。

展示が終わったら、清潔作業に移ります。うがい、シャワーを忘れないように付け加えます。

図4-36　寄り添い（釣具）の展示の仕方

第5章

2日間プログラム

大学などの集中講義時間を利用して学生にういてまてを含めた水中での身のこなしを教えるときに従うプログラムについて、それを実際の流れとしてまとめました。数日後に講習会を行わなければならない人がイメージを組み立てる際のお手伝いをします。

5-1 水中での身のこなし

5-1-1 実習の準備

(1) プールの準備

受講者より早くプールサイドに上がり、プールの状況の確認とプール管理者へのあいさつを行います。使用できるコース、プールの深さと深さの分布、プールフロアの位置、水温・気温を確認します。プール管理者とは、使用できるコース、時間を最終的に打ち合わせます。プール施設の都合で当初約束していたコース数が急に確保できなくなったなどよくある話です。

使用できるコースが決まっている場合には、コースロープで他の遊泳者のコースとの間を仕切ります。受講者の背が十分に立つコースを使用するのなら、使用するコースのコースロープを外します。例えば1コースと2コースを使用する場合には、1コースと2コースの間にあるコースロープを外して、図5-1のように2コースと3コースの間にあるコースロープと一緒に2本並べるように付け替えます。

受講者の1人でも背が立たない深みがあるのなら、プールフロアは必ず設置します。背丈と深さの関係では、一番低い受講者の身長のマイナス15cmより深い場合には背が立たないと判断します。すなわち150cmが最も低い受講者の身長なら、135cmより深い場所にプールフロアを設置します。水着の練習では例えば図5-2と図5-3に示すように、最も深い位置、スタート台直下、プールの半分の位置がそれに該当します。一方、着衣状態の浮身の練習ではプールフロアで深みを必ずつぶします。指導者は常に事故の状態を再現していることを認識していなければなりません。着衣状態の練習では思わぬパニックを防がないとなりません。

気温や水温で講習会の成否が左右されるので温度管理には十分注意します。ういてまてでは、普通の水泳と違って動き

図5-1　浅いプールでの２コース使用

図5-2　深いプールでの１コースずつの使用

図5-3　プールフロアの配置

があまりありませんので、水温ならびに気温は十分高くないといけません。一般的な公立のプールでは温度を確保しているので1時間半程度で実技を区切ればそれほど寒く感じません。

(2) 隊列構成

プールサイドに全員が集合したら、受講生の数を把握します。名簿の人数とプールサイドに集合した受講生の数が一致することを確認します。次に全数を4で割って4人班が何班できるか頭の中で計算しておきます。例えば40人の受講生なら、10班編成となります。41人、42人の場合も10班とします。最後の班（10班目）が5人、6人体制となります。43人の場合には11班体制となり、最後の班が3人となります。

受講者のバディーを作ります。図5-4にバディーの組み方を示します。バディーでは同じ程度の泳力、年齢、体格の2人が1組になります。2人で1組を組めたら、おおよその背の高さで受講者の2列横隊を作ります。受講者の総数が奇数の場合には背の高い人3人でバディーを組んで、横隊の端に並べます。隊列を作るときに、先頭でプールに入る受講者あるいはプールの浅い方に向かう受講者の背が低くなるように並び方を工夫します（図5-5）。例えば、はしごから1人ずつ降りるときには背の低い人から降ろし、プールサイドに横隊を作るときにはプールの浅いところに背の低い人を配置するので、隊列を形成した場所から入水位置までスムーズに移動できるようにあらかじめ考えなければなりません。

学校のように同年代の集団では、学校で決められている背の高さ順の隊列で自動的にバディーを決定してもよいです。例えば図5-6(a)では2列横隊に向かって右側を背の低い受講者、左側を高い受講者としています。

ここでは受講者が40人程度と仮定して、それくらいの人数であればツーバディーシステムを組みます。まず、2列横隊の前列のみ番号を背の低い方から高い方へ1、2、3…の合図とともに流します。次に図5-6(b)に示すように奇数の人だ

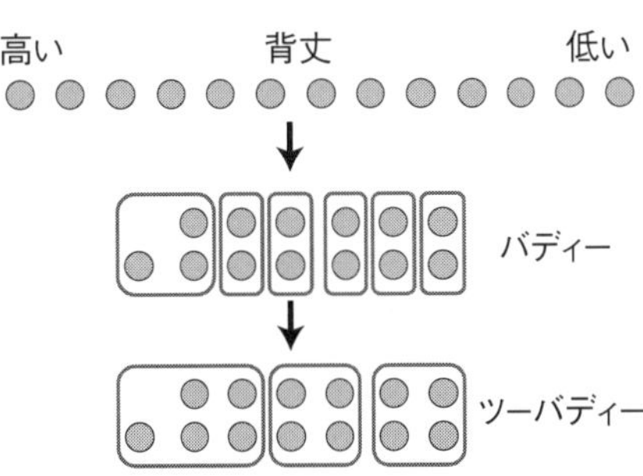

図5-4　バディーの作り方

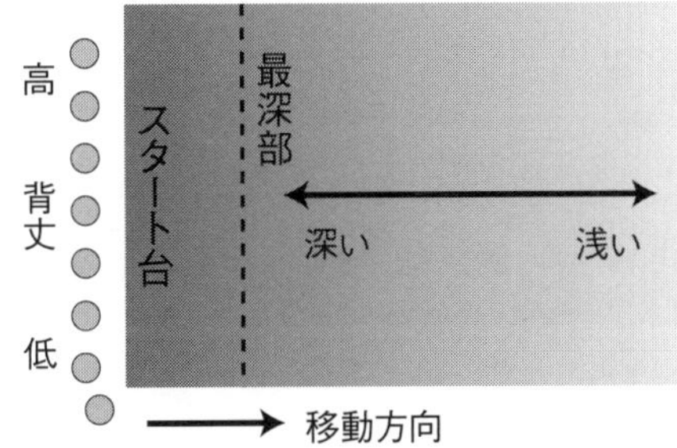

図5-5　背丈での並び順の基本的な考え方

図5-6　実際の隊列の組み方。(a)2列横隊、(b)ツーバディー分けとリーダーの決定

図5-7　点呼の取り方

け手を挙げてもらいます。手を挙げた人を各班のリーダーにします。リーダーの挙手の数で瞬時に受講者の数の確認ができるので、リーダーの役割は重要であることを伝えます。隊列の最後の班が５人班の場合には５人で１人のリーダー、６人班では６人で１人のリーダーとなります。

隊列編成が終わったら、あいさつをします。午前の実技種目について説明します。

(3) 点呼

【指導】 点呼の練習を行います。まず点呼の流れを簡単に受講者に説明します。次に指導者の「バディー」の合図とともに図5-7に示すように進めます。

(a)前後のバディーで片手同士を握り合い、高く挙手するように指示する。３人のバディーの場合には３人で握り合う。

(b)リーダーがツーバディーシステムの班の４人全員がその場にいることを確認したら「よし」と声をあげて、リーダーを残し、他の受講者の手を下げるように伝える。

結果として、リーダーの手だけが挙がり続けるため、その挙手の数を数えることになります。「あらかじめ確認したツーバディーシステムの班の数と一致すれば全員がいることになる」というように、ツーバディーシステムが素早く人数把握をするための手段であることを説明しておきます。

【実習】 ここまでの流れが確認できたら、一度練習を行います。２列横隊のまま、全員を指導者側に向かせ、指導者が「バディー」と声を掛けます。引き続いて「バディー同士で手を握り合って高く挙げて」と指示を入れます。全員の挙手を確認したら、「リーダーは“よし”と声を掛けて、リーダーだけ手を挙げ続けて」と指示し、リーダーの挙手の数を声を出して数えます。最後に「現在10班あって、10人のリーダーの手が挙がっていて数が一致したので全員いることになる」と具体的に説明します。続けて指示なしの練習を２回行い、受講者に流れを慣れさせます。

(4) 準備運動

【指導・実習】 準備運動では、上肢ならびに下肢のストレッチ、深呼吸を重点的に行います。

上肢のストレッチでは図5-8のように肘を曲げて腕を頭の後ろで組み、肩の筋肉を伸ばします。さらに両腕を挙手し、両手を組んで後方に反らせます。これは背浮きの状態でしっかり腕が伸びるようにする訓練です。

下肢のストレッチでは図5-9のように膝の屈伸を重点的に行います。背浮き状態から起き上がるのに、膝を上手に曲げる必要があります。

ういてまて教室での深呼吸は、ラジオ体操の呼吸とは少々異なります。まずゆっくり吸気した後、20秒程度じっくりと呼吸を止め、ゆっくりと呼気します。これを数回繰り返し、肺を徐々に広げていきます。次に吸気して呼吸を止めて、素早く呼気・吸気を行います。これは、常に肺に空気をためていて、換気の必要が出たときだけ、素早く呼吸する訓練です。２回程度指導者がやってみて、その訓練を受講者が10回程度行うようにします。この訓練はういてまて独特の呼吸法であり、あらかじめ陸上でやっておかないと、水の中で背浮きのときに指導してもなかなか合点がいきません。

図5-8　肩のストレッチの様子

図5-9　膝の曲げ伸ばし

(5) シャワー

【指導・実習】 これで陸上の準備が整ったので、シャワーを浴びます（図5-10）。全身をしっかり水で洗うように指導します。

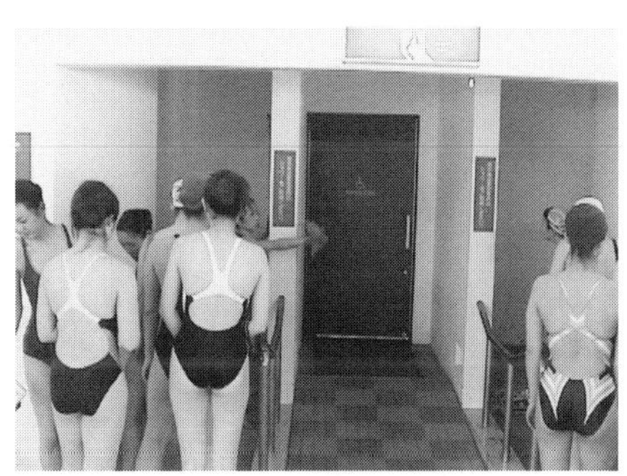

図5-10　シャワーを浴びて清潔にする

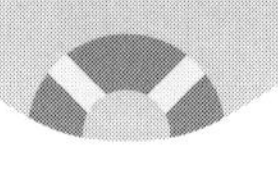

図5-11　実技展示　(a)基本的にはプールの角を使う、(b)展開上横隊の方がいい場合には、受講生前列を座らせる

5-1-2 入水方法

室内プールでは水泳帽とゴーグルの着用は常識となりました。屋外プールでも水泳帽とゴーグルを着用します。水泳帽は髪の毛や頭の古い皮膚が水の中に広がり水を汚染するのを防ぐのでどこでも着用指導をしていますし、眼科領域の疾病の原因になるウイルスや菌の感染防止のために、ゴーグルは着用するようにします。受講者には水泳帽とゴーグルの着用は水質汚染防止や感染防止に役立つと説明します。

【指導】 指導者が実技展示を行う場合には、見やすい位置に受講者を集めます。実技展示は図5-11(a)に示すように、プールの角付近で行います。そうすると受講者は直角に配列することができるので、40人くらいなら全員が展示をきちんと確認することができます。実技の細かなところが確認できるだけでなく、指導者の説明も聞き取りやすい特徴があります。特に屋内のプールは声が反響して聞き取りづらいので、ぜひ行ってほしい手法です。どうしても角が使えない場合やすぐにプールに入れる体勢が必要な場合には図5-11(b)に示すように２列横隊で展示を見学するようにします。その場合には１列目の受講者は座ります。

入水指導に移ります。図5-12に入水の展示展開例を示します。プールサイドからの入水ではオーバーフローの形式（8-2-1参照）により座る位置が異なります。

(a)フィンランド式、チューリッヒ式などのオーバーフローではプールサイドに深く腰掛けて、低水位式オーバーフローではオーバーフローに直接腰掛ける。

(b)両足をプールに入れて、両手を使って膝から上に水を掛ける。さらに両腕、胸・腹に水を掛けていく。

(c)頭に水を掛ける。さらに背中にも水を飛ばしながら掛けていく。背中は掛けにくい分だけ忘れやすい。

(d)プールサイドにしっかり両手をついて、顔がプールサイドへ向くように身体をひねる。ここで「プールに入るときにはどのような場合でもプールサイドの方角に向くこと」と強調

図5-12　入水方法の展示

する。「はしごでの入退水もプールサイド側に顔を向けて行う」と説明する。

(e)両腕の力で身体を支えながら、静かに足から水の中に入る。足で深さを確認するように付け加える。「もし足が届かなかったら腕の力でプールサイドに上がる」と言いながら、実際に少し腕の力で身体を上げてみる。

(f)足が届いたらプールサイドから手を離し、一度頭まで潜る。

(g)、(h)一度プールサイドに上がって、引き続き、プールの方角を向いて入水したらどうなるか展示する。両手をプールサイドの端に置き、顔をプールの方角に向けながら入水する。この状態だと両手がプールサイドから外れ身体全体が水没する。そのまま勢いで水没し、しばらくしてから顔を出して、「足が水底に届かなかった場合にプールサイドに上がることができない」と説明を加える。

【実習】 図5-13に示すように、実習に移ります。

(a)プールの浅い方に背の低い受講者、深い方に背の高い受講者が位置するようにプールサイドに２列横隊で並ぶ。図では奥に向かうに従いプールが浅くなっている。最浅部で水深130cm、手前のスタート台から５mの位置が最深部となり水深160cmある。なお、並ぶときには１人につき１mの空間が必要なので、20バディー（40人）で20mの広がりが必要になる。従って25mプールでははしごの付近を除けば片サイド20バディーが限界である。

(b)～(d)前列の受講者がプールサイドに座り、展示のとおりに水掛けを末梢（まっしょう）から背中に至るまでしっかり行う。

(e)プールサイドに向いたまま腕の力でプールに入水し、いったん頭までしっかり潜る。水の中で何回か潜る動作を繰り返し、しっかり水慣れを行う。

(f)一連の実技が終わったら、プールサイドに腕の力を使って上がる。前列の受講者が上がったら、後列の受講者と交代する。後列の受講者も前列の受講者と同様な手順に従って入水の練習を行う。

図5-13　入水方法の実習

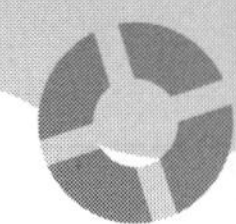

5-1-3 ウエイディング

入水で後列の受講者が頭まで潜ったことを確認したら、深さ確認とウエイディングに移ります。さらにプールが広く使えるようなら、プール洗濯機も実施します。

(1) 深さの確認

【指導・実習】 入水から受講者をそのままプール端に立たせて、かかとをしっかり水底に着けるように指示します。この段階で、受講者の顔が水没するかどうかを確認し、背の高い受講者でも背が立たないようであれば全体的に浅い方に移動します。

(2) ウエイディング

【指導】 ウエイディングの方法を説明します。腕のかきを推進のために使い、足で底の深さを確認するように前進しながらゆっくり移動します。コースロープに到着したらそのまま反転しプールサイドに向かって戻ります。「足で底の深さを確認しながら移動する」と繰り返し強調します。

【実習】 隊列を最終的に確定したら、そのままプールサイドを背中にしてプールの横方向にウエイディングします。

(a)腕のかきを推進のために使い、足で底の深さを確認するように前進しながらゆっくり移動する。

(b)行き止まったらそのまま反転し出発点に向かって戻る。

(c)１列目が到着したら、２列目と交代して同じ手順でウエイディングを開始する。

(d)全員をプールの角に集合させて、「プールサイドの横方向に移動するわけだから深さは普通一定であるが、川や海などの自然水域やレジャープールなどでは横方向で深さが一定しない」と強調する。さらに「背が立つところから立たないところに移動したときに溺水する例が極めて多く、深みというのは３ｍも５ｍもある深さをいうのではなくて、背の立つと

思っていたところにたまたま存在する、自分の背の高さ程度の水深のことをいう」とコメントする。

(3) プール洗濯機

【指導・実習】 もしプール全体を利用することができて、水深は全員の背が立つように浅くなっており、さらにコースロープが全部取り払われている状態にあるのなら、全員でプール洗濯機方式のウエイディング（図5-14）を実施します。

(a)プール長辺の２辺に１列ずつ配置するため移動を開始する。２列のうちの１列がプールを横方向にウエイディングし、対面のプールサイドにゆっくり移動する。

(b)対面のプールサイドに到着したら、そのままプールサイドを背にして水中で立って待っている。

(c)１周回るとか３周回ると決めて、あらかじめ全員に知らせる。ただし25mプールでも日頃から運動していないと３周はきつい。

(d)合図とともに反時計回りで全員で周回を始める。歩いているようであれば走るようにハッパを掛ける。目安としてはだいたい流速２mくらいになるようにする。よく見かける用水路の流速がだいたいそれである。練習途中で陸上から全体をしっかり眺めて、足をすくわれて溺れそうになっている受講者がいないか注意する。

(e)規定の回数を回ったら反転するように声を掛ける。流れとともに移動していると水の怖さを感じないが、反転した瞬間に水の圧力を感じて、怖くなり声をあげる。

(f)しばらく水に逆らってウエイディングを続けるように指示し、流れがほどほどに収まったところで終了を告げる。

(g)全員をプールから上げて感想を聞きながら、「流れとともに移動していると水の怖さを感じないが、反転した瞬間に水の圧力を感じ、これにより恐怖感を覚える」とまとめる。また「水の中では、流れに逆らわないで自分の安全をどう確保するかを常に考えるべきだ」とコメントする。

図5-14　プール洗濯機の様子

5-1-4 泳ぎの基本

(1) 伏し浮き

【指導】 伏し浮きの展示指導法を次に示します。

(a)両腕を伸ばし、両手の先を重ね合わせてさらに頭を上腕の間にしっかりと埋める。

(b)大きく深呼吸をして十分な空気を肺に蓄えた後、うつぶせの状態で水面に浮く。

(c)爪先までまっすぐに伸ばした後、全身の力を抜き、水面にとどまる。

(d)足が次第に沈みそうであればそのまま沈んでいく。この間じっくり時間をかけて見せるために、少なくとも心の中で30以上数える。自分で相当長いと感じて、初めて周囲から見てちょうどよい展示の時間となる。

(e)数え終わったら、静かに立ち、心の中で30数えるまで我慢すると伝える。

脚に脂肪が付いていると伏し浮きで沈みません。さらに頭が腕より水の中に入っていると沈みにくくなりますが、頭が上がっていると沈みます。「脂肪や体位のバランスによって足が沈まないことがあるし、足が沈むこともある」とコメントするようにします。

【実習】 図5-15に実習の様子を示します。プールの浅い方に背の低い受講者、深い方に背の高い受講者が位置するようにプールサイドに２列横隊で並び、引き続き実習に移ります。

(a)前列の受講者がプールサイドに座り、入水する。

(b)プールサイドから少しウエイディングし、コース中央のコースライン上に立ち、入水したプールサイド側に向く。

(c)指導者の合図でまず両手を重ねて挙手し、次の合図「伏し浮きして30数える」で伏し浮きを始める。

(d)伏し浮きが全員終わったら、プールサイド側に戻る。そして前列の受講者がプールサイドに上がったら、後列の受講者と交代する。後列の受講者も同様な手順に従って伏し浮きを

図5-15　伏し浮きの実習展開

実施する。

この後全員をプールサイドに上げて集め、溺れそうになったらまず息をこらえて体勢を立て直すのだから、できるだけ長く息をこらえて落ち着いて行動できるように訓練していこうとコメントします。

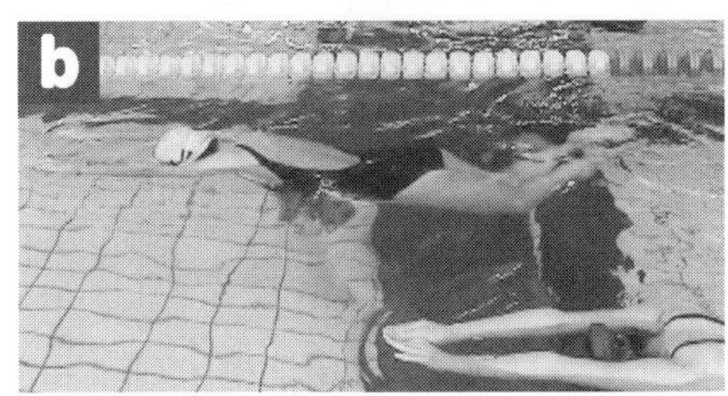

(2) 伏し浮きからの立ち方

【指導】 受講者をプールの角に集めて、伏し浮きから立ち方までの一連の動作の指導に入ります。図5-16に要領を示します。

(a)大きく息を吸ってから伏し浮きを行う。伏し浮きのままで5秒程度安定して浮いていること。

(b)その状態から両脚の力を抜きながら、脚を少し沈めていく。このとき、膝を少し曲げて水の抵抗を減らしながら足先を沈めるようにする。

(c)足を十分お尻の近くまで引き付けてから、少しずつ頭を持ち上げる。

(d)さらに頭を持ち上げながら両手を下方に向かってかき下げ始める。脚は膝を十分に曲げた状態にあり、身体が垂直になっていく。

(e)、(f)脚を伸ばし、身体を垂直にしたまま水底に足を着ける。上半身を上げながら顔を水面に出して静かに立つ。

動作全体に少し時間をかけるので、伏し浮きの前に十分に息を吸い込んでから動作に入るように指示します。さらに足を沈めるときに膝を曲げる動作が重要であることを伝えます。

【実習】 引き続き実習に移ります。

(a)プールの浅い方に背の低い受講者、深い方に背の高い受講者が位置するようにプールサイドに2列横隊で並ぶ。

(b)前列の受講者がプールサイドに座り、入水する。

(c)プールサイドから少しウエイディングし、コース中央のコースライン上に立つ。指導者の合図でまず両手を重ねて挙手し、次の合図で伏し浮きを始める。

図5-16　伏し浮きからの立ち方

図5-17　壁キックを利用したけのび

(d)伏し浮きから落ち着いて立ち上がれるかチェックする。全体として10秒くらいをかけて立ち上がれればよい。全員の実習が済んだら、プールサイドに戻る。

(e)前列の受講者がプールサイドに上がったら、後列の受講者と交代する。後列の受講者も前列の受講者と同様な手順に従って実習を行う。この後全員をプールサイドに上げて集める。

(3) けのび

【指導】 受講者をスタート台に集めて、壁キックを利用したけのびの指導に入ります。スタート台の直下が深い場合にはプールフロアを入れて浅くなるようにあらかじめ準備しておかなければなりません。けのびでは、推進力を最大限有効活用するための水中での振る舞いを覚えます。水中に完全に全身を没してから、思い切り壁を蹴って、体が止まるまでしっかり伏し浮きの要領で浮かんでいるとコメントします。図5-17に示すように進めます。

(a)スタート台直下で大きく息を吸ってから体を十分に沈める。

(b)膝を曲げて壁を蹴られる状態にする。頭をしっかり両腕の間に入れて、伏し浮きの腕の姿勢を作る。

(c)壁を両足でしっかり蹴って前進する。

(d)ゆっくり浮き上がりながら、止まるまで伏し浮きの要領で我慢する。止まったら、伏し浮きからの立ち方で立つ。

【実習】 ２人配置の指導者体制であれば、１人がスタートをかける役で、もう１人がスタート台より７mの位置に立ちます。

(1)２コース使用であれば隊列を半分に分ける。10班体制であれば、５班ずつに分ける。１コースにバディー１組を入水させる。従って、１回のスタートで４人が実習することになる。

(2)最初の４人が入水したのを確認したら、合図をかけスタートする。しっかり頭まで潜ることをしつこいくらい強調する。

(3)前列がスタートしたら次の列を入水させる。

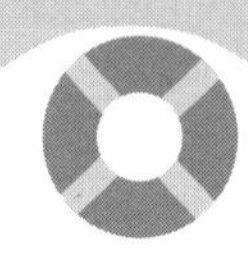

⑷前列が停止し、立ち上がり、プールサイドに向かって歩くように指示して、プールサイドに上げる。それを確認したら次の列の４人にスタートをかける。頭をしっかり沈めているか、水中に完全に身体を没してからスタートしているかチェックする。できていないときには個別に指摘する。同様の練習を２度繰り返す。終了したら、スタート台前に全員を集める。

図5-18に指導の必要な場合を示します。８コース左側の受講者に注目してください。

⒜スタートの時点で頭が十分に潜っていない。逆に足で壁を蹴る位置が低すぎる。頭は高く足は低いので、キックはほとんど効かない。水中に完全に身体を入れていないことになる。

⒝身体を水面に出した状態で壁キックを行っている。

⒞その後も両腕の中に完全に頭が入らない。

⒟頭が上がる分だけ両脚が水中に没している。壁キック後の推進力も弱いし、バランスも悪くなる。壁キックのときに壁を蹴る位置を高くし、一度十分に身体を沈める。

練習中には、キック後に水底を見るようにして顎を引くように助言します。

(4) けのびから12.5m泳

【指導】 壁キックを利用したけのびから12.5m泳の指導に入ります。ここでは、体力をできるだけ使わずに長い距離を移動する方法を身に付けます。時間的な都合で競泳の指導を行う余裕はないので、これまで小中学校で習ってきた泳ぎのうち最も得意な泳ぎで12.5m泳いでもらいます。

泳ぎ方は好きな泳法で、クロールならけのびをして水中にいる間にバタ足を始め、平泳ぎではけのびの後のひとかき、ひと蹴りを水中で行います。「水面でかいたり、蹴ったりする回数をできるだけ少なくする」ようコメントします。図5-19に要領を示します。

⒜スタート台直下で大きく息を吸ってから身体を十分に沈める。

図5-18　けのびの指導が必要な例

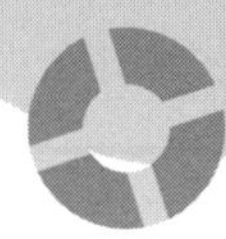

図5-19　けのびから12.5m泳

(b)壁を両足でしっかり蹴ってけのびを行う。

(c)水中でバタ足などを使ってできるだけ距離を稼ぐ。

(d)浮き上がったら通常のクロールか平泳ぎをして12.5mラインまで進む。

【実習】 2人配置の指導者体制であれば、1人がスタートをかける役で、もう1人が12.5mラインの位置に立ちます。

(a)コース使用であれば隊列を半分に分ける。10班体制であれば、20人ずつに分ける。1コースにバディー1組を入水させる。

(b)最初の4人が入水したのを確認したら、合図をかけスタートさせる。「水中で、クロールならバタ足をすること、平泳ぎならひとかきひと蹴りをすること」と強調する。

(c)前列がスタートしたら次の列を入水させる。

(d)前列が10mまで達したら、次の列の4人にスタートをかける。

水中でバタ足やひとかきひと蹴りをしているか、チェックします。できていないときには個別に指導します。同様の練習を2度繰り返します。中には12.5mも泳げない受講者がいますが、水中でのバタ足がしっかりしていて、5m以上は進んでいるようであればあまり注意しません。ここでは進むことよりもむしろ水中で息こらえがしっかりできることが重要です。

この後、休憩に入ります。点呼と清潔作業に入ります。スタート台に平行になるように2列横隊を作ります。2列横隊のまま、全員を指導者側に向かせて、指導者が「バディー」と声を掛け、点呼を取ります。全員いることを確認します。うがいをするように指示します。その後シャワーを浴びます。全員がプールサイドから出たことを確認してから、事務室に終了報告をして、指導者も更衣室に向かいます。

5-2 水中での基本動作

5-2-1 実習の準備

(1) 点呼、準備運動、清潔作業

【実習】 スタート台に平行になるように２列横隊を作ります。２列横隊のまま、全員を指導者側に向かせて、指導者が「バディー」と声を掛け、点呼を取ります（図5-20）。全員いることを確認したら、あいさつをしてから、実技種目について説明します。その後清潔作業としてシャワーを浴びます。

図5-20　ツーバディーシステムによる点呼

(2) アップ

【実習】 アップとして、100m泳ぎます。アップのまわし方には２種類あります。一つは特にスタート合図をすることなく受講者に自由に泳がせる方法で、もう一つは指導者が定期的にスタート合図をする方法です。２コース使用の場合、人数が20人くらいまでであれば前者を選択してもよいですが、それ以上では後者を選択するようにします。

図5-21ⓐⓑは40人の受講者からなる授業でそれぞれの手法を行い、比較した写真です。ⓐでは受講者に自由に泳がせています。ただし反時計回りのいわゆる右側通行で回しており、行きと帰りでぶつかることはありません。この方法では、緊張感がないので半分くらい泳いだところで立ち上がり休む受講者が多く、そこで交通渋滞が起きます。一方、ⓑでは前の泳者が10m程度進んだ時点で指導者が次のスタートをかけています。緊張感が出るので、途中で立って休むことなく25mは泳ぎ切ります。途中の交通渋滞も起こらないので、長く泳ぐためには好ましい方法です。１日の初めで体が慣れていないうちなら前者のように水底を歩きながらのんびりとアップするのもよいですが、その日２度目の入水なら、25mくらいは連続で泳いで少し身体を温めた方がよいでしょう。アップ終了とともに全員をプールサイドに上げます。

図5-21　ⓐ自由にスタートする方式のアップ、ⓑ指導員によるスタート合図があるアップ

図5-22　背浮きの実習の仕方

5-2-2 背浮き

(1) 背浮きの導入

【指導】 指導者による背浮きの展示から行います。もちろん展示を行う指導者は補助者の補助を受けることなく１人で背浮きができなければなりません。

(a)大きく深呼吸をして十分な空気を肺に蓄えた後、両腕を伸ばし、水面に静かにあおむけとなる。

(b)必要があれば手首を垂直に立てて、水面上に出す。バランスで脚が水面に上がってくる。

(c)少し腰を引き気味にすると爪先が水面上に出てくる。安定したら心の中で30以上数えて背浮きでしっかり浮けることを示す。

(d)呼吸する必要が出てきたら、素早く呼吸して常に胸に空気が充満している状態にする。

(e)立つときには、膝を曲げるとともに腕を腰の位置に移動する。水中から水面に腕で水をかき上げるようにして反動をつけ、その反動で足を水底方向に持っていく。身体が垂直になったら、脚を伸ばし底に立つ。

「自分の身体をシーソーに見立て、脚が重ければ下半身が沈むし、腕が重ければ上半身が沈む。手首を垂直にして出したのは、その分だけ上半身を沈め、脚を浮かせた」と解説すると分かりやすくなります。

次に２人１組の練習方法を指導します。まず受講者の中から比較的浮きやすそうな人をモデルに選び指名します。ただこればかりは経験がものをいう世界で、男性であれば中肉中背がいいし、女性なら丸みを帯びていた方がいいでしょう。図5-22に背浮きの実習の様子を示します。

(a)モデルを選んだら、空間を確保する。

(b)モデルの腰をしっかり片手で支え、両手を伸ばした状態であおむけにする。大きく息を吸うように指示する。モデルの耳は水中にあるので指示するときには大声を出さなければな

らない。
(c)腰を支えている片手が軽くなったように感じたらそっと手を離し、背浮き状態にもっていく。
(d)30秒くらい我慢してもらって、腰を再び支える。その後に立つように指示する。腰をしっかり持っていないと立つのに失敗する人もいるので注意する。「息を大きく吸って止めていることと腰を支えるバディーの役割が相当重要である」とコメントする。

【実習】引き続き実習に移ります。
(a)バディーの前半が背浮き練習者、後半が補助者になると指示する。
(b)指導者の合図とともに練習を始める。一回でうまくいくバディーはむしろ少ないし、練習回数を重ね何度でも繰り返す。
(c)1人当たりの練習時間は5分程度。そのくらいの時間がたったら、練習者と補助者の役割を交代する。練習時間が過ぎたら全員を集める。こつがバランスと呼吸法にあることを再度強調する。

この背浮きの実技は重要なので、全員ができるように後ほど心理的な関門として簡単な試験を準備していることを話しておきます。

(2) 背浮きから立ち方

【指導】受講者をプールの中に集めたままにして、背浮きから立ち方までの一連の動作の指導に入ります。まず指導者の展示から行います。これからの練習で、1人で背浮きができるようになってくださいと受講者に伝えます。まず方法の説明をせずに一度展示します。図5-23に立ち方の様子を示します。
(a)背浮きを行う。
(b)、(c)しばらくしたら、立つ動作に入る。膝を曲げるとともに頭を起こし、腕を水面から水中に水を押し下げるようにして反動をつけ、その反動で足を水底方向に持っていく。
(d)身体が垂直になったら、脚を伸ばし底に立つ。次に口で説

図5-23　背浮きから立ち方

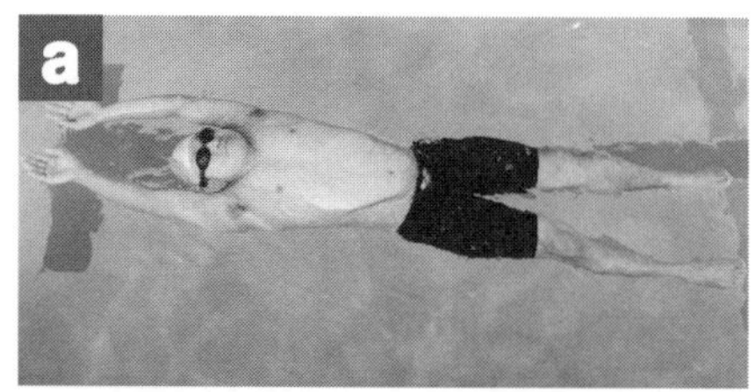
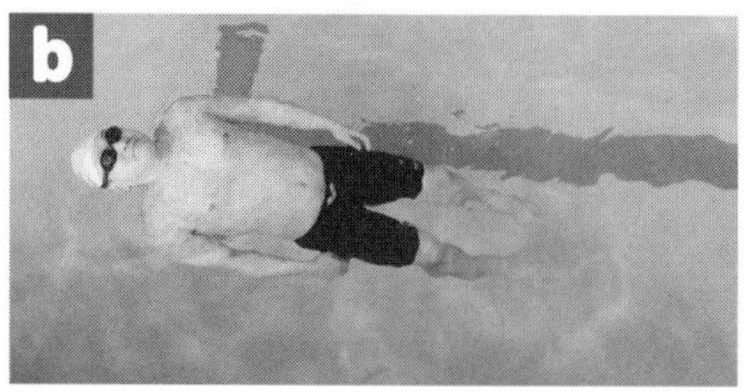

図5-24　背浮きから手を下ろしてバランス確認

図5-25　効果測定

明しながら、ゆっくりと(a)から(c)を行ってみる。ここでしっかりと立ち方の練習をしておかないと靴を履いた背浮きに移ったときに移動への体位変換ができなくて困ることになる。

【実習】 受講者が40人なら2コース使用すれば1コースあたり20人となり、1人当たり1mの余裕しかなくなります。従ってバディーの前後で交互に練習を行います。もし背浮きに補助が必要なら、バディーによる補助を使ってもよいことにします。

(a)指導者の合図とともに練習を始める。1人当たりの練習時間は5分程度を見込む。先ほどやりきれなかった背浮きの練習も続けて行う。

(b)そのくらいの時間がたったら、バディー間で練習者を交代する。この練習でも全員が一とおり練習するために10分程度を取る。試験を行うと宣言してあれば、この段階で真面目に練習を行うようになる。

(3) 背浮きのバランス確認

【指導・実習】 受講者をプールの中に集めたままにして、背浮きから両腕を下ろして（気をつけの姿勢）バランス確認を行います。まず指導者の展示から行います。図5-24にその様子を示します。

(a)背浮きを行う。

(b)しばらくしたら、両手を水面に沿って脚の方向にもっていく。完全に脚が沈み切ったところで終了する。

見て、実際に体験して腕の位置によって脚の沈み方が全く違うことを理解させます。この後それぞれぶつからないように広がり、指導者の合図とともに練習を始めます。1人当たりの練習時間は5分程度を見込みます。隣同士の間隔が少々狭くなっても全員いっぺんに行います。

(4) 効果測定

【実習】 図5-25(a)(b)に示すように、バディー2人1組で背浮

きの効果測定（試験）を行います。効果測定にはツーバディーシステムの班４人でプールに同時に入ります。指導者はプールサイドに配置し、４人の受講者がプールサイドに最も近いコースに入ります。バディーの前半の２人が背浮き役となり後半の２人が補助者となります。

(a)背浮き役の腰を補助者がしっかり片手で支え、両腕を伸ばした状態であおむけにする。

(b)腰を支えている片手を静かに離し、10秒程度安定して浮いていたらプールサイドに立つ指導者から声に出して合格を出す。なお、駄目であったら適切な指示を指導者から出し、再度挑戦させ、成功するまで繰り返す。

片方が合格したらバディー間で役割を交代して、同様な手順で効果測定を続けます。ツーバディーシステムの１班で１分半程度かかるので、40人規模では15分程度かかります。水にぬれたままであると寒くなるので、プールサイドで待機している受講者に適宜タオルで身体を拭いて待つように指示を出すとよいでしょう。効果測定では受講者全員に見られている緊張感から、比較的気を引き締めて背浮きを行うようです。看護学校の２年生に７年ほど毎年行いましたが、全体の1/3くらいの受講者はやり直しを行うものの、この効果測定で全員背浮きが安定してできるようになりました。全員が終了した段階で受講者をスタート台付近に２列横隊で整列させます。

この後休憩に入ります。「バディー」と声を掛けて点呼を取り、人数を確認します。その後10分間の休憩を取ります。トイレを済ませるとともに、ペットボトルの準備をさせます。採暖、タオルを使ったりして、身体を十分温めさせます。

休憩時間が過ぎたら、受講者をプールサイドのスタート台付近に２列横隊で整列させます。トイレに行って帰ってきていない受講者もいる可能性があり、あらかじめ指導者は人数を数えます。数えた結果全員そろっているようならば、「バディー」と声を掛けて点呼を取ります。こうすれば点呼は１回で済みます。

b

図5-26　ペットボトル１本を持っての背浮き

5-2-3 ペットボトル実技

(1) ペットボトル背浮き

【指導】 受講者をプールの角に集めて、ペットボトル背浮きの指導に入ります。まず指導者の展示から行います。一連の流れを図5-26に示します。ペットボトルを１本持ったままプールに入り、次のように展開します。

(a)大きく深呼吸をして十分な空気を肺に蓄えた後、ペットボトルをへその辺りに両手で持ち、壁を蹴る。

(b)頭をしっかり水に漬けて、顎を引かないようにして身体全体が水面上に浮き上がるのをじっと待つ。完全にバランスが取れるようにする。推進力があるとバランスを取りやすい。しかしながら、指導者は推進力がなくてもバランスが取れるように日頃から訓練しておく。

(c)、(d)体勢が安定したら爪先を水面上に出すように少しずつ足の位置を上にずらす。爪先が出てこない場合には、少し腰を引き気味にするか、ペットボトルを持つ位置を少し足側にずらす。立つときには、膝を曲げ足を水底方向に持っていく。身体が垂直になったら、脚を伸ばし底に立つ。

【実習】 １人当たり１mの余裕があれば十分なので、40人なら２コースを使って練習します。

(1)指導者の合図とともに練習を始める。ほぼ１回で会得できる実技なので、２分くらいを目標に慣れる程度の練習でよい。

(2)時間がたったら、バディーの前後で分けて、前列から一斉に練習に入る。

(3)２分間の背浮きを行うことを説明し、指導者の合図でペットボトル１本背浮きを開始する。

(4)２分たったら合図をして終了。続けて後列の練習に入る。

全員をプールサイドに集めて、足が沈まなかったかどうか質問して確認します。爪先が水面に出なかった人には、ペットボトルをより足に近い方にずらすか、少し腰を引くようにアドバイスします。

(2) 寄り添い（ペットボトル）

【指導】 受講者をプールの角に集めて、寄り添い（ペットボトル）の展示に入ります。ここでは２本のペットボトルを使用します。一連の流れを図5-27に示します。指導者１人がプールに入り、プールサイドから１mくらいのところで背浮きで浮いて準備します。３mも離れると命中率が悪くなるので入門練習ではできるだけプールサイド寄りにしてください。

(a)プールサイドの指導者がまず１本目のペットボトルを投げ入れる。背浮きの指導者の胸にちょうど載るようにする。

(b)そのペットボトルを持ってペットボトル１本背浮きに入る。次のペットボトルを背浮きの指導者の胸に載るように狙いを定め投げる。

(c)背浮き指導者が２本目のペットボトルを受け取ったら、膝を曲げて身体を起こすとともに、ペットボトルを左右の脇の下に抱えて、立泳ぎの姿勢になる。

(d)その姿勢でゆっくりとプールサイドに向かって移動し始める。２Lペットボトルが２本あれば、立泳ぎの姿勢になっても顔が沈まないとコメントする。

【実習】 引き続き実習に移ります。

(a)プールの浅い方に背の低い受講者、深い方に背の高い受講者が位置するようにプールサイドに２列横隊で並ぶ。

(b)後列の受講者がプールに入り、そのまま背浮き姿勢をとる。

(c)背浮き姿勢を確認したら、前列の受講者がすぐに１本目のペットボトルを投げ入れる。

(d)続いて２本目のペットボトルを投げ入れる。

(e)２本目のペットボトルを受け取ったら、立泳ぎの姿勢になり、ゆっくりとプールサイドに向かって移動し始める。

(f)到着したら、プールサイドに腕の力を使って上がる。

(g)後列の受講者が上がったら、前列の受講者と交代する。

一連の練習が終わったらプールサイドに受講者を集め、再度「バランスを崩したら溺水することをしっかり認識するように」と注意を喚起します。

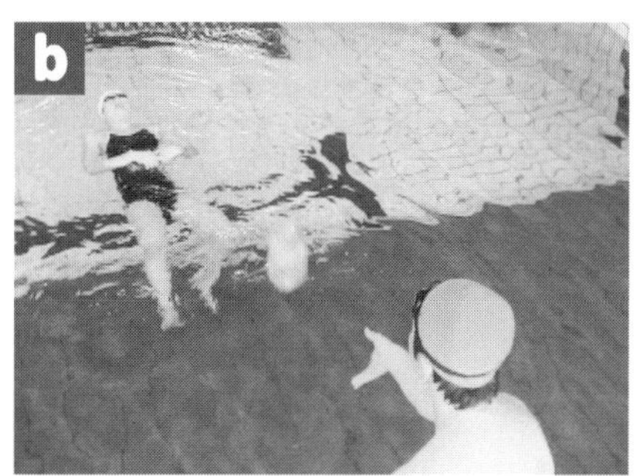

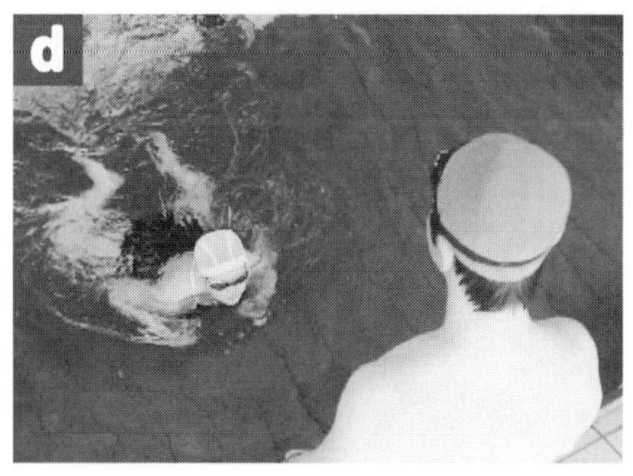

図5-27　ペットボトルを２本受け取る

図5-28　潜水の展示

5-2-4 潜水

【指導】 受講者をプールの角に集めて、潜水の方法を指導します。まず水着での背浮きがうまくできたかどうかを全員に聞いてみます。背浮きはだいたいできるが、浮くのがやっとという受講者が多いはずです。浮くのがやっとであるならば、逆に沈みやすいだろうと問いかけて、意識付けを行います。実際にはこつを知らなければ簡単に浮くことができないし、沈むこともできません。要するに「バランスと呼吸法にポイントがある」と強調します。その後指導者の展示を行います。図5-28にその様子を示します。

(a)身体を水面上に出し、反動で足から身体を沈める。

(b)上半身が沈んだら、そのまま肺の中の空気を吐く。

(c)そのままじっとしていれば水底に身体が着くので、大の字になって10ほど数える。

(d)受講者が、指導者が水底にへばりついているのを認識したころに水面に上がっていく。

足が着くような浅いプールでは展示のところで示したように少しジャンプしてその反動で沈むことができます。そのまま息を吐いていけば、楽々水底にへばりつくことができます。一方足の着かないような深いプールではそれだけでは底に沈まない場合があります。そのときには、ダイビングプールでの潜水(5-2-5(3)）で後述するように、逆立ち状態で沈んでいきます。

また浅いプールでは肺の中の空気を吐きながら沈むことがこつですが、深いプールでは吐いてしまうと息が続かなくなります。ジャンプの反動で潜水するときには息を吐いて、逆立ちで潜水するときには息を吐かないようにします。

【実習】 潜水の自由練習は全員いっぺんに行います。全員の練習時間として５分程度見込んでください。この後潜水はダイビングプールでも行うので、浅いプールでしっかり体得します。ダイビングプールでの潜水に成功すれば、深さへの恐怖からくる失敗を防ぐことができます。

5-2-5 ダイビングプール慣れ

(1) 注意

ダイビングプールでの指導では、赤十字水上安全法指導員複数人と数本の救助用チューブなどの救助資材を準備します。万が一受講者がバランスを崩したときには、飛び込んで素手で救助しなければなりません。指導者は、授業中に精神を極めて高度な緊張状態に持っていくとともに、素人では絶対に分からない溺水の瞬間を即座に感知する責任を負います。背の立たないプールでのういてまて指導は、以上の準備がない限り絶対に行ってはなりません。

これ以降の実技の例では、そのような環境の下で安全に講習を展開しています。

(2) 浮身

【指導】受講者をダイビングプールに集めるとその深さにおののき、プールをのぞき込みます。この恐怖感をいかに早く取り除くかが、指導者の腕の見せどころです。ポイントは足が届かなければ２ｍも100ｍも水深は同じことを体験的に認識すればよく、浮くことに自信を持つことができれば恐怖感はなくなります。

(a)指導者が今までの浮身を一とおり展示して見せる。背浮き、ペットボトル背浮き、ペットボトル２本立泳ぎなどを順番に展示する。

(b)立泳ぎも参考展示する。今まで立泳ぎをしたことのない受講者でも２割くらいの確率で、ダイビングプールでいきなり見よう見まねで立泳ぎができることがある。もちろん腕のかきも併用しているが、浮いて呼吸を確保していることには違いない。

一連の流れを説明したら指導者を救助用チューブとともに対面で配置します。さらに残りの救助用チューブを要所に置き、受講者にバランスを崩した人がいたら投げ込むように説

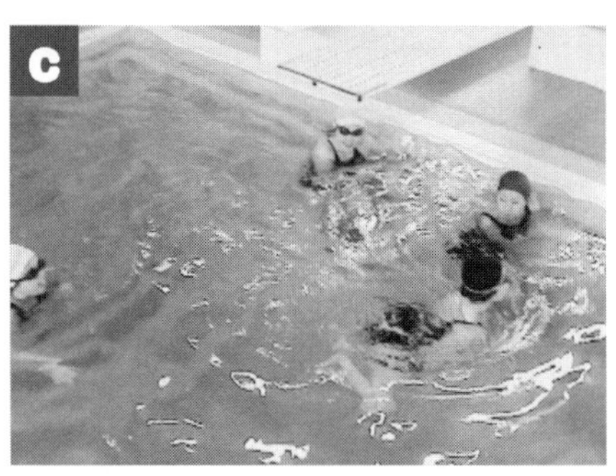

図5-29　ダイビングプール慣れ

明します。投げ込まれた救助用チューブが使われなくても、投げ込まれた場所で異常事態が起きたと指導者に知らせるサインになるので、ちゅうちょせず投げ込むように周知します。

【実習】 図5-29に示すように引き続き実習に移ります。管理しやすいように、８人１組でプールに入水します。ちょうどツーバディーシステム２班分にあたります。

(a)プールサイドから恐る恐る入水する。入水時にペットボトルを持っても構わない。プールの端から離れずに危なくなったらすぐに戻れるようにしても構わない。

(b)自由に浮身をとる。泳ぎながら、背浮きあるいは立泳ぎに挑戦する受講者がいる。

(c)危ないと感じたら近くのプールサイドにつかまり、休む。

(d)立泳ぎでしばらく浮いている受講者もいる。

(3) 潜水

【指導】 ダイビングプールでの本格練習の前に、潜水は必ず行うようにします。潜水を行うかどうかで、受講者の雰囲気ががらりと変わります。まず受講者をダイビングプールの周囲に集めて、潜水の方法を指導します。5-2-4の潜水ではコースプールを使ったので、比較的簡単に水底に達することができました。身体を水底に着けられなくても、手でタッチするくらいはできたはずです。ダイビングプールでは水深が3.8m以上あり、タッチするまで潜るのも大変だし、経験したことのない水圧で耳がおかしくなるのに耐えるのも大変です。水上安全法指導員クラスならどうということはありませんので、経験を踏まえてしっかりと指導します。潜ることにより、深さに対する恐怖が取り除かれていくので、ダイビングプールでは潜水にぜひチャレンジすることを勧めます。

　まず指導者自身による展示を行います。図5-30の連続写真を使って説明します。

(a)両腕を伸ばし手先から垂直に入水し、両足を水面上に伸ばしながら上半身を水底に沈める。

(b)上半身が沈んだら、そのまま腕をかき、足の蹴りはカエル足かバタ足で推進力を得る。空気は吐かない。

(c)水底にタッチしたら、水面に向かって腕をかき、足の蹴りはカエル足かバタ足で推進力を得ながら戻る。

(d)水面に浮き上がり、終了。

【実習】まず隊列を半分に分けてダイビングプールの長辺サイドに対面するように配置します。例えば40人10班編成なら、最初の５班を一方の長辺サイドに、もう一方を対面に配置します。引き続き実習に移ります。各４人１組でプールに入水します。

(a)片方のサイドの４人が足まで水に漬かり準備する。

(b)指導者の合図で潜水を行う。

(c)水底でタッチできなくても２回まで繰り返し、プールサイドに戻る。

(d)前の班が全員プールサイドに戻ったら、対面の４人が潜水する。

(e)その間に次に入水する４人が準備を始める。

(4) 板飛び込み

【指導・実習】板飛び込みで入水し、ダイビングプールに慣れます。２人配置の指導者体制であれば、プール長辺の両対面に救助用チューブとともに配置します。１人がスタート合図をかける役となります。図5-31では２基の板があるため、バディーの２人を２列に分けて順番に飛び込ませます。

(a)板先端まで歩いていき覚悟を決める。

(b)指導者の合図とともに、鼻をつまんでもいいのでそのまま順下で飛び込む。

(c)息をこらえながら腕のかきと足の蹴りを使って水中から水面に向かって浮かんでくる。

(d)浮き上がったら近くのプールサイドに上がってくる。左の板から飛び込んだら左へ、右の板から飛び込んだら右へ上がるように事前に指導しておけばなおよい。指導者は２人が

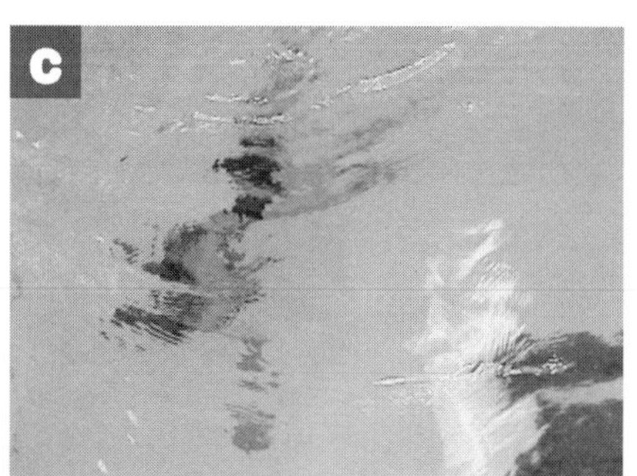

図5-30　ダイビングプールを使った潜水の展示

図5-31　板飛び込み

プールから上がったことを確認して次の組に飛び込むように合図する。

この飛び込みでは受講者が緊張しているせいか、上手にできます。また見かけ上は受講者からダイビングプールに対して無用な恐れがなくなります。最後のまとめとして、「息こらえをしっかりして、自分の体勢が安全になるまで息をためておくように」と指導します。

ここまで終わりましたら、一度退水します。点呼にて受講者が全員いるか、調子はよいか確認します。点呼後、清潔作業に移ります。清潔作業が終了し、全員が更衣室に移動したことを確認してから、指導員は事務室にこの時間の実技の終了を報告してプールサイドから引き揚げます。

5-3 ういてまて

5-3-1 実習の準備

(1) プールの準備

受講者より早くプールサイドに上がり、プールの状況の確認とプール管理者へのあいさつを行います。使用できるコース、プールの深さと深さの分布、プールフロアの位置、水温・気温を確認します。プール管理者とは、使用できるコース、時間を最終的に打ち合わせます。特に、着衣状態でプールに入水することをしっかりと伝えます。ういてまてを行うと言葉では伝わっていても、実際に服を着てプールに入る様子を見て、管理者が中止を求めてくるときもあります。基本的にういてまての認識はまだ低いと考え、丁寧に説明をしなければなりません。

２日講習の２日目なので、２コース使用の場合にはコース間のロープを外します。またプールフロアも１日目の状況を見て、最も深い部分に設置します。なお、ういてまてでは落水があるので成人の練習の場合、水深は120cm以上を確保します。

(2) 点呼

【実習】２列横隊で整列し、あいさつを行います。２列横隊のまま、全員を指導者側に向かせ、指導者が「バディー」と声を掛けます。全員の挙手を確認し、最後にリーダーの挙手の数を声を出して数えます。「現在10班あって、10人のリーダーの手が挙がっていて数が一致したので全員いることになる」など、本日の受講者体制を全員で確認します。

(3) 準備運動・シャワー

【指導・実習】準備運動では、１日目同様、上肢ならびに下肢のストレッチ、ういてまて呼吸を重点的に行います。２日

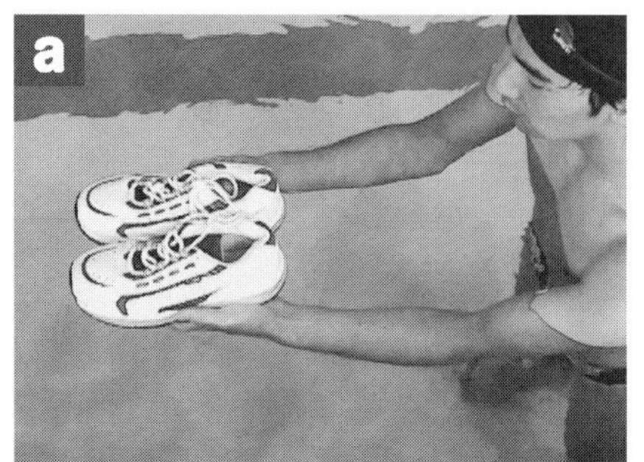

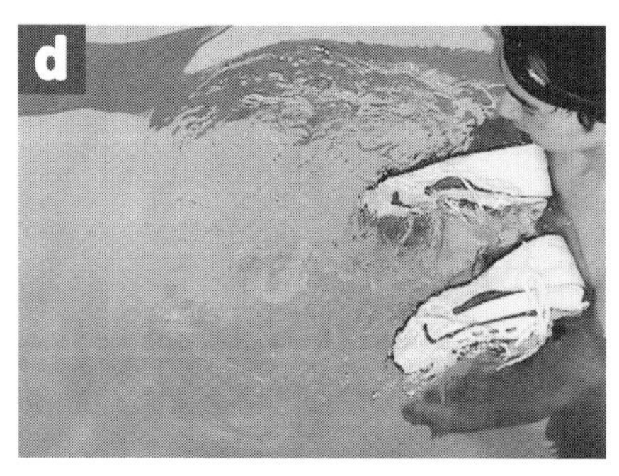

図5-32　靴の浮き沈みの確認実習

目は１日目より体位変換などが難しくなるため、これらの訓練はあらかじめ陸上でしっかりやっておく必要があります。

　準備運動の後、全員でシャワーを浴びます。

(4) 靴の汚れ確認

【実習】 あらかじめ準備してある靴を確認します。靴は新品あるいは同等品を準備していなければなりません。まずそのことをバディー同士で再確認し合うように指導します。また靴は新品でも、一度水洗いを行います。近くの水道で靴底、靴の内部を流水でよく洗います。洗剤を使う必要はありません。土やしつこい汚れが少しでも付いている靴は、洗ったとしてもプールに絶対に入れません。

(5) アップ

【実習】 アップとして、100m泳ぎます。アップのまわし方として、反時計回りにして行きと帰りでぶつかることを防ぎます。朝一番の入水であり、ゆっくり泳いだり、歩いたりして身体を水中運動に慣らします。アップが終わったら全員プールサイドに上がります。

(6) 靴の浮き沈み確認

【指導・実習】 引き続き靴を準備します。靴を手に持ってプールに再度入水します。全員の靴が浮く靴であることを確認します。まず指導者を囲むように集めて、図5-32に示す手順で進めます。

(a)指導者が手持ちの靴を一足（左右とも）水中に入れる。

(b)水中では靴底が水底を向くようにして靴をよく振り空気を全て出す。

(c)続いて静かに水中で手を離す。

(d)これで浮き上がってくれば浮く靴で命が助かるとコメントする。

　全員の靴について自分たちで確認させてみて、浮かない靴

があったら、指導者側で準備してある靴と交換します。

なお、指導者側で全員分のういてまて用の靴を準備しているときにはすべて浮くはずなので、受講者による靴は浮くという事実確認ができればよいでしょう。毎年授業でういてまてを行うのなら、主催者がういてまて専用の靴を購入して準備しておく工夫も大事です。確認が終了したらプールサイドに全員上がります。

(7) 着衣

【実習】あらかじめ準備してある着衣上下を着ます。確認事項として、水洗いした長袖・長ズボン、糸のほつれにくい服装であることが挙げられます。着衣の前にバディー同士で再確認し合うように指導します。着衣をして靴を履いたら、ポケットの中の糸くず、ティッシュ、その他の物品が入ったままになっていないか確認します。またゴーグル着用と水泳帽着用を確認します。なお、指導者は水着で指導します。緊急時には救助作業を行うため、身動きできる態勢でいなければなりません。

(8) シャワー

【実習】シャワーを浴びます。着衣ごと全身をしっかり水で洗うように指導します。

図5-33　着衣での入水の実習

5-3-2 入水

【指導】ういてまてでも指導者は水着なので、展示には受講者をモデルに使います。基本的には水着の入水と同じです。まずモデルを使った入水指導の展示を行います。受講者をプールの角付近に集めます。

(a)プールサイドあるいはオーバーフローに直接腰掛ける。

(b)両足をプールに入れて手を使って膝から上に水を掛ける。

(c)両腕に水を掛けていく。

(d)胸・腹に水を掛けていく。

(e)頭に水を掛ける。さらに背中にも水を飛ばしながら掛けていく。

(f)プールサイドにしっかり両手をついて、顔がプールサイドを向くように身体をひねる。

(g)両腕の力で身体を支えながら、静かに足から水の中に入る。

(h)足が届いたらプールサイドから手を離し、一度頭まで潜る。

【実習】図5-33のように実習に移ります。

(a)プールの浅い方に背の低い受講者、深い方に背の高い受講者が位置するようにプールサイドに２列横隊で並ぶ。

(b)前列の受講者がプールサイドに座り、展示のとおりに水掛けを末梢から背中に至るまでしっかり行い、それから入水の実技を順次行っていく。

(c)プールサイドに向いたまま腕の力でプールに入水する。

(d)いったん頭までしっかり潜る。水の中で何回か潜る動作を繰り返し、しっかり水慣れを行う。

一連の実技が終わったら、プールサイドに腕の力を使って上がります。水を吸った服がかなり重く感じます。前列の受講者が上がったら、後列の受講者と交代します。後列の受講者も前列の受講者と同様な手順に従って入水の練習を行います。水を吸った服は陸上では重く感じるが、水中では重さを感じません。ただし、「水がまとわりつき服を着た体の動きが鈍くなる」とコメントします。

5-3-3 背浮き

(1) 背浮きの導入

【指導】 受講者をプールサイドに集めます。まず受講者をモデルに指名して、モデルに自分で背浮きするように指示します。30秒くらい背浮き後、立ち方の指導に入ります。図5-34にその様子を示します。右の受講者に注目してください。

(a)安定状態から立ち方に入る。

(b)大の字になってから、顔をあげる。

(c)顔が水没しても構わないので、気にせず両腕を後方から前方にかきながら上体を起こす。十分身体が起きたら膝を曲げる。

(d)水底に向かって脚を伸ばし、立ち上がる。浮く靴を履いていると立ち方が難しい。

【実習】 バディー同士で１コースに入り、２コースを使用すれば、１回当たり４人で実習ができます。

(a)コースの端につかまり、実習の準備に入る。

(b)静かに背浮きに入る。

(c)30秒程度浮いていたら、立ち方の練習をする。

特に図5-34(b)から(c)にかけての脚を下ろす実技を重点的に訓練します。顔が水没してもよいように体を回転する前に十分に息を吸うように指示します。

(2) 背浮きから移動への変換

【指導・実習】 受講者をプールの中に集めたままで、背浮きから移動への体位変換を行います。最初の方法は立ち方の応用で、背浮きから図5-34の要領で垂直体位となり、その後図5-35に示すように脚を後ろへ跳ね上げうつぶせになり、平泳ぎに変換します。次の方法は図5-36に示すように背浮きから身体をひねりうつぶせになって、平泳ぎに移行しています。この方法は、バランスが悪く回転してうつぶせになれない受講者に勧める方法です。

図5-34　着衣での背浮きから立ち方の実習

図5-35　背浮きから回転して平泳ぎへ体位変換

c

図5-36　ひねりながら、平泳ぎへ体位変換

5-3-4 転落入水（落水）

(1) 落水の導入

【指導】 受講者をプールの角に集めて、落水の指導に入ります。プールサイドからの落水では、指導者が説明しながら受講者をモデルとして展示を行います。モデルとして水泳経験が豊富な受講者を選びます。まずモデルに、両腕の力を抜き前向きで大の字で腰を引かずに落ち、落ちたらしばらく浮いて、声を掛けたら平泳ぎに変換してプールサイドに戻ってくると流れを説明します。図5-37に展開例を示します。

(a)プールサイドの端あるいはオーバーフローに直接プールに向いて立つ。モデルに深呼吸をするように指示する。指導者の両手でモデルの肩を優しく押してプールに落とす。

(b)～(i)落ちて浮いて10秒くらいたったら平泳ぎで戻るように声を掛ける。平泳ぎに移るには、立ち方の練習で使った二つの体位変換のいずれかを使う。

【実習】 次の手順に従って実習を行います。

(a)プールサイドに２列横隊で並ぶ。なお、並ぶときに１人につき１m程度の空間が確保できれば端から順番に落水していく。両手間隔以上の空間が確保できるのなら、自由に練習してもよい。

(b)前列の受講者がプールサイド端にプールに背中を向けて立ち、後列の受講者が展示のとおりに肩を押して落とす。

(c)しばらく浮いていて、それから体位変換し、平泳ぎに移る。

(d)プールサイドに泳いで戻る。順番に落水する場合には、プールサイドに戻った時点で次のバディーが落水する。

(e)すべての前列の受講者の実習が終了したら、前列と後列の役割を交代する。

(2) 寄り添い（ペットボトル）

【指導】 受講者をプールの角に集めます。寄り添い（ペットボトル）では２本のペットボトルを使用します。モデルを１

図5-37　落水から平泳ぎでプールサイドに戻る

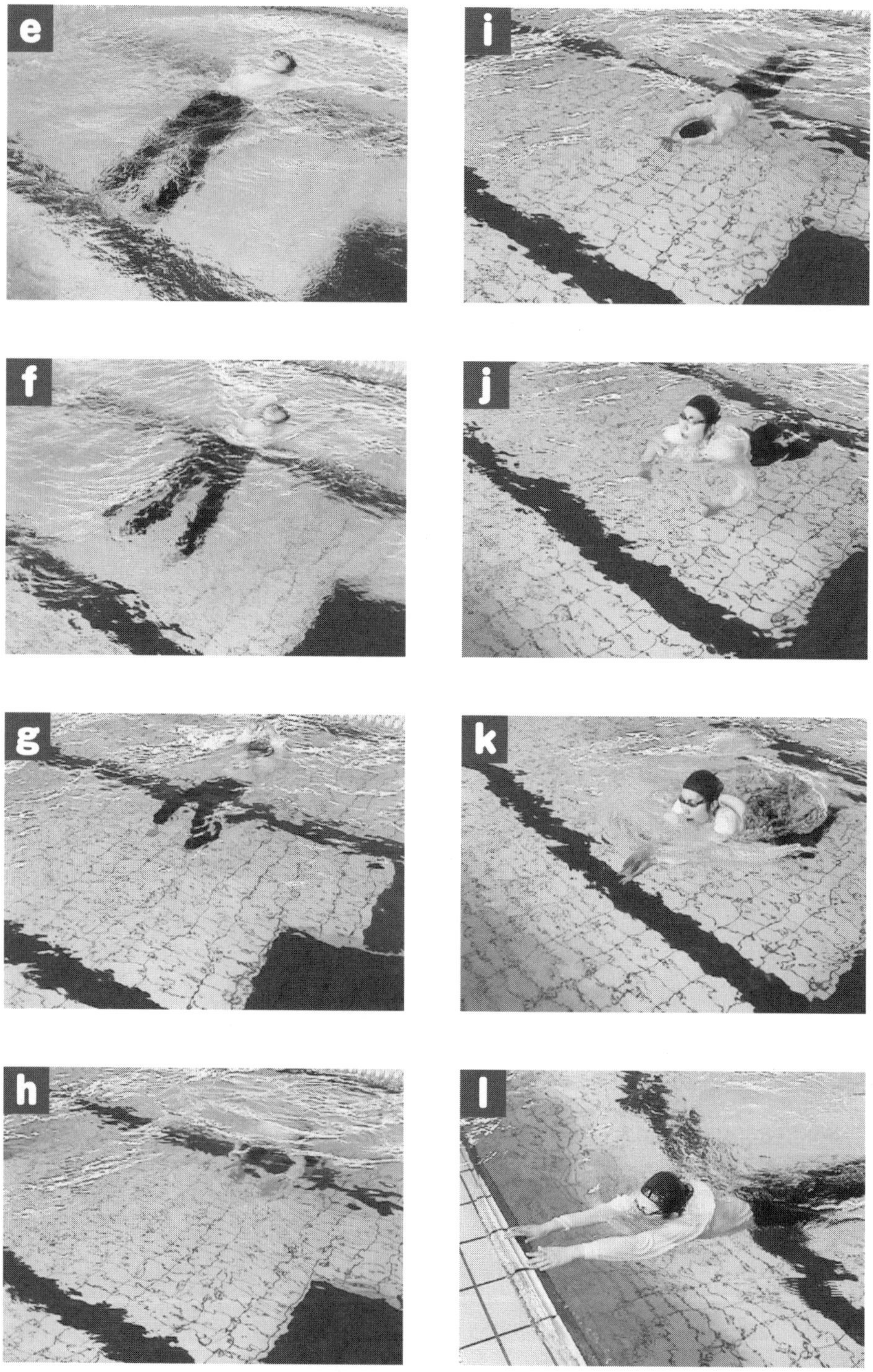

図5-37　続 落水から平泳ぎでプールサイドに戻る

人選出し、モデルに図5-38に従い流れを説明します。
(a)モデル１人がプールに入り、背浮きで水面待機。
(b)プールサイドの指導者がまず１本目のペットボトルを投げ入れる。背浮きのモデルの胸にちょうど載るようにする。そのペットボトルを持ってペットボトル１本背浮きに入る。
(c)次のペットボトルを背浮きのモデルの胸にちょうど載るように狙いを定め投げる。
(d)モデルが２本目のペットボトルを受け取る。
(e)膝を曲げて身体を起こすとともに、ペットボトルを左右の脇の下に抱える。
(f)体位変換して、立泳ぎからうつぶせ姿勢になる。
(g)、(h)その姿勢でゆっくりとプールサイドに向かって移動し始める。「立泳ぎへの体位変換は靴の浮力で難しいから、しっかり膝を曲げて身体を起こす」ようにコメントする。
【実習】次の手順に従って実習を行う。
(a)プールサイドに２列横隊で並ぶ。並ぶときに１人につき１m程度の空間が確保できれば端から順番に落水していく。
(b)前列の受講者が溺者役となり、後列の受講者が展示のとおりに肩を押して落とす。
(c)背浮き姿の確認後、１本目のペットボトルを投げ入れる。
(d)続いて２本目のペットボトルを投げ入れる。
(e)２本目のペットボトルを受け取ったら、立泳ぎの姿勢になり、その姿勢でプールサイドに向かって移動し始める。
(f)一連の実技が終わったら、プールサイドに腕の力を使って上がる。
(g)順番に落水する場合には、プールサイドに戻った時点で次のバディーが落水する。前列の全ての受講者の実習が終了したら、前列と後列の役割を交代する。

この後昼休みに入ります。点呼、清潔作業を終了したら受講者を更衣室に戻します。事務室に午前の実技の終了報告をして引き揚げます。

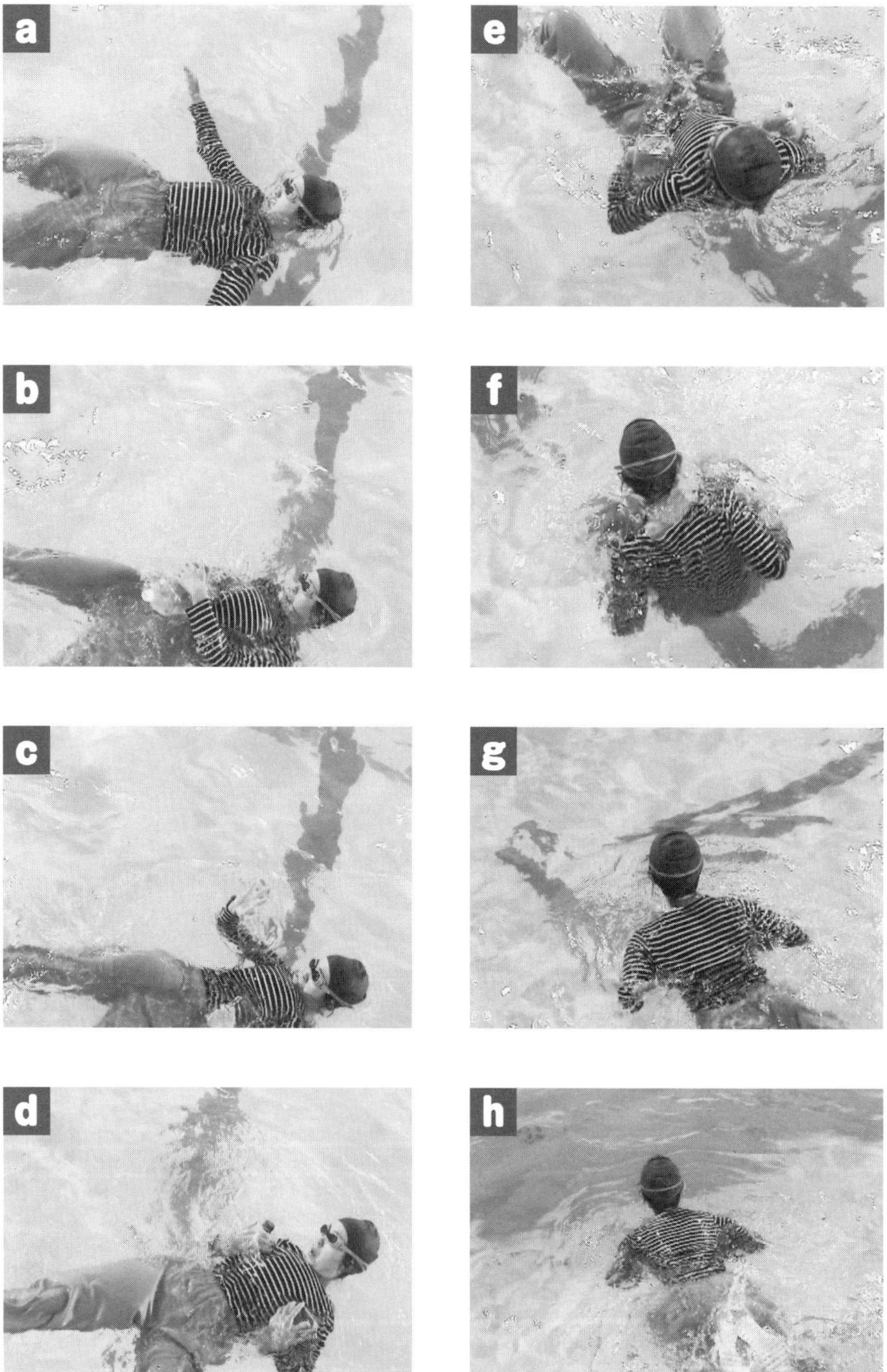

a

b

c

d

e

f

g

h

図5-38　ペットボトル２本による寄り添い

5-4 寄り添い

5-4-1 実習の準備

(1) 注意

繰り返しますが、ダイビングプールでの指導では、赤十字水上安全法指導員複数人と数本の救助用チューブなどの救助資材を準備します。万が一受講者がバランスを崩したときには、飛び込んで素手で救助しなければなりません。指導者は、授業中に精神を極めて高度な緊張状態に持っていくとともに、素人では絶対に分からない溺水の瞬間を即座に感知する責任を負います。背の立たないプールでのういてまて指導は、以上の準備がない限り絶対に行ってはなりません。

(2) 点呼～清潔作業

【実習】スタート台に平行になるように２列横隊を作ります。２列横隊のまま、全員を指導者側に向かせ、指導者が「バディー」と声を掛け、点呼を取ります。全員いることを確認したら、あいさつをします。２日目午後の実技種目について説明します。準備運動では、午前中同様に上肢ならびに下肢のストレッチ、深呼吸を簡単に行います。その後清潔作業としてシャワーを浴び、ダイビングプールに移動します。

(3) アップ

【実習】アップとして潜水を行います。40人10班編成なら、最初の５班を一方の長辺サイドに、もう一方を対面に配置し、実習に移ります。４人でプールに入水します。ダイビングプールの長辺サイドに対面するようにツーバディーシステムを二つずつ配置します。前列がまず入水するので、４人と４人に分かれることになります。図5-39に実習の様子を示します。実習の流れについては、5-2-5(3)に合わせます。

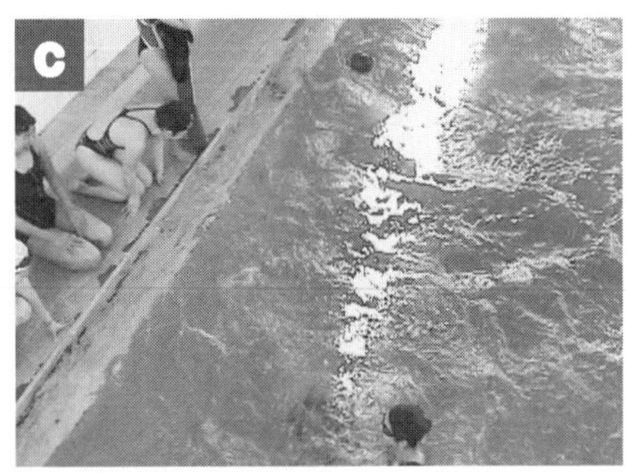

図5-39　ダイビングプールに慣れるための潜水

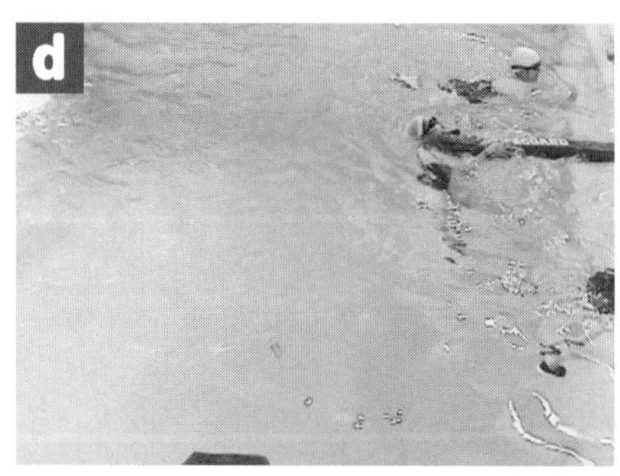

図5-40　靴を履いた背浮きの実習。平泳ぎに変換できなくて救助を求めた

5-4-2 靴背浮き

【指導・実習】受講者をダイビングプールの周囲に集めて、靴だけを履いた水着での背浮き実習を行います。まず全員をダイビングプールの短辺サイドに集合させます。次に４人１組でプールに入水します。まずプールサイドから入水し、プールサイドのへりにつかまります。図5-40に一連の流れを示します。

(a)４人１組で指導者の合図で静かに靴背浮きを始める。

(b)靴を履いているのでバンザイしなくても安定した背浮きができる。

(c)指導者の合図で背浮きから平泳ぎに体位変換する。

(d)平泳ぎでゆっくりとプールサイドに戻る。

ほとんどの人は安全に実技を終了することができます。ごく一部に失敗する人が出ます。特に、背浮きから平泳ぎに体位変換するときに失敗します。図5-40(c)では上半身を起こすようにして平泳ぎの形になりますが、このときに身体が垂直になると沈水する可能性が高くなりますので気を付けなければなりません。

この実技の終了後に休憩に入ります。「バディー」と声を掛けて点呼を取り、人数を確認します。10分間の休憩を取ります。

休憩時間が終了したら、着衣状態で受講者をプールサイドのスタート台付近に２列横隊で整列させます。トイレに行って帰ってきていない受講者もいる可能性がありますから、あらかじめ指導者は人数を数えておきます。数えた結果、全員そろっているようならば、「バディー」と声を掛けて点呼を取ります。

5-4-3 高飛び込み

【指導・実習】この実技は希望者のみを対象にして行います。高飛び込み台から順下で入水します。図5-41の飛び込み台の高さは2.5mで、それほど高くはありませんが、慣れないとこの高さはプールの深さよりも怖く感じます。

まず希望者を募集し、飛び込み台に上るはしごの下に１列に並べます。看護学校の学生であれば全体の1/3である15人くらいの受講者が希望します。希望してくる受講者は泳ぎに自信があるので飛び込み後に溺水することはありませんが、着衣で飛び込むのであるから指導者は何が起こってもいいように神経を張り巡らさなければなりません。整列したら１人ずつ台の上に上らせて、飛び込みの準備を行います。

(a)鼻をつまんでも構わないので、覚悟を決めて飛び込む。

(b)水に落ちる際には、足から入水するようにする。

前の受講者が飛び込んでいる間に指導者は次の受講者を飛び込み台の上に上げます。飛び込みが終わった受講者は最も近いプールサイドに向かって平泳ぎで戻ります。前の受講者がプールサイドに戻ったのを確認したら、指導者は次の受講者に合図を送り飛び込ませます。

図5-41　高飛び込み台からの入水

図5-42　救助用チューブによる救助

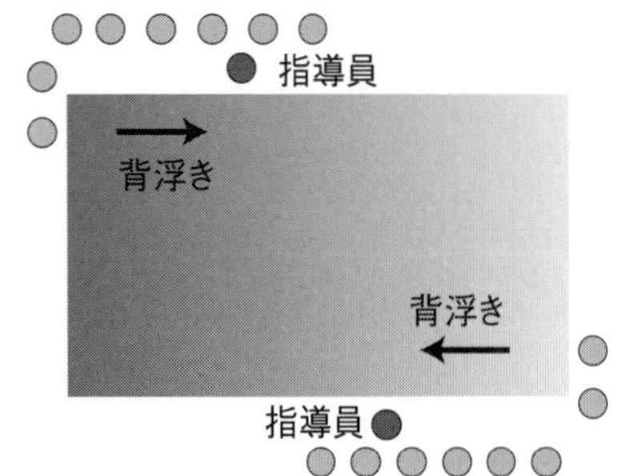

図5-43　救助用チューブによる救助実習

5-4-4 寄り添い

(1) 入水寄り添いの展示

【指導】 入水寄り添いは指導者による展示にとどめます。泳力のあるモデルを１人選出し、プール中央で背浮きをしてもらいます。救助用チューブを準備し指導者がそれを持って順下し、モデルに近づきます。図5-42にその様子を示します。

(a)救助用チューブをモデルの胸の上に載せて、それにつかまるように指示する。

(b)つかまったら、救助用チューブを引きながら、モデルをプールサイドに連れて行く。

(2) 救助用チューブによる陸からの寄り添い

【指導】 図5-43に示すように、隊列を半分に分けてダイビングプールの短辺に対面するように配置します。水泳経験者のモデルを１人選出します。モデルに、救助用チューブを用いた寄り添いのデモンストレーションを応用して、陸から救助用チューブを渡すのでそれにつかまるというように、概略を説明しておきます。図5-44に展示の様子を示します。

(a)(b)着衣状態でプールサイドから入水し、壁につかまっている。モデルの位置はプールの長辺から約１mのところで長辺に沿って背浮きをするような形になる。指導者の位置は長辺上でモデルの出発位置から５m程度に位置する。合図とともに静かに壁を蹴って背浮きに移る。

(c)背浮きが安定したら、「つかまれ」と声を掛けてモデルの胸に身体と垂直になるように救助用チューブを置く。

(d)モデルがつかまったことを確認したら、静かにプールサイドに向かって引き寄せる。

【実習】 指導者が２人以上いるのなら２組に分かれます。隊列のはじめから１人ずつ入水し、救助用チューブを持つ指導者の合図によって実習を開始します。救助用チューブにつかまることができたらプールサイドに引っぱってもらい、その

ままプールサイドに上がります。次の受講者は合図で実習を開始します。

(3) 寄り添い（ペットボトル）

【実習】 隊列を半分に分けてダイビングプールの長辺に対面するように配置します。まずバディー前列の２人がプールに入水します。後列の受講者はプールサイドでペットボトルを投げる準備をします。図5-45に実習の様子を示します。

(a)片方のサイドの２人がプールに入水し、プールサイド側に身体を向けてプールサイドにつかまり準備する。

(b)指導者の合図で背浮きを行う。

(c)後列の受講者が背浮き姿勢を確認したら、すぐに１本目のペットボトルを腹から胸を投達目標にして投げ入れる。

(d)溺者役が１本目をしっかり受け取り、それを胸の辺りでしっかり持つ。この場合、靴を履いていて脚の浮力が十分効いているので、ペットボトルを持つ位置は胸でよい。

(e)続いて２本目のペットボトルを投げ入れる。

(f)溺者役がそれを受け取る。

(g)２本目のペットボトルを受け取ったら、体位変換でひっくり返り、立泳ぎの姿勢になる。

(h)その姿勢でプールサイドに向かって移動し始める。

一連の実技が終わったら、プールサイドに腕の力を使って上がります。プールサイドに戻った時点で対面のバディーが同じ手順で実習を始めます。

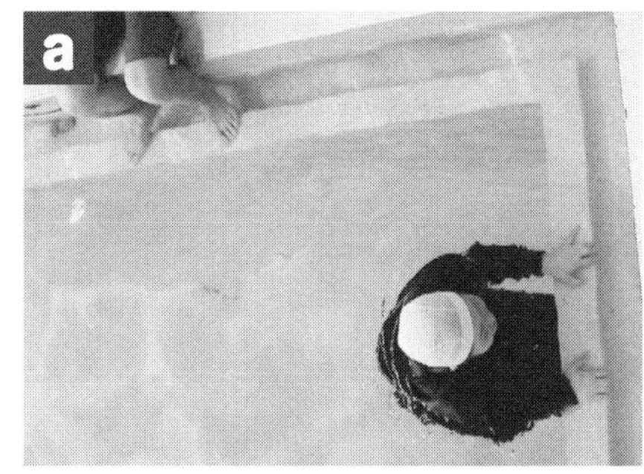

図5-44　救助用チューブによる寄り添い実習

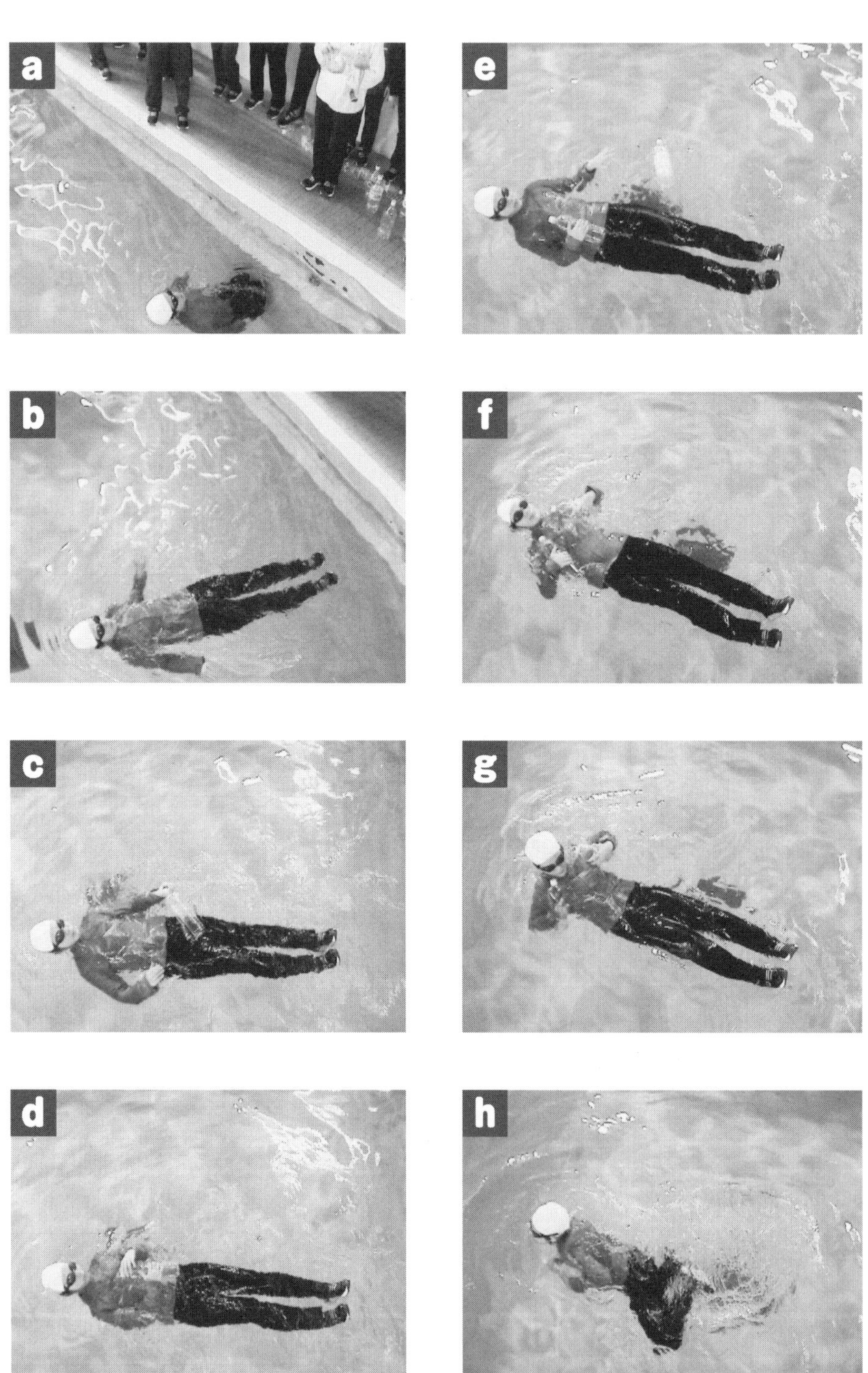

図5-45　ペットボトル２本による寄り添い実習

5-5 効果測定

【実習】受講者１人ずつに転落入水から救助用チューブにつかまるまでの効果測定（実技試験）を行います。図5-46にその様子を示します。まずバディーを組む前列と後列の受講者を同じ列に戻し、１列の隊列を作ります。１人の指導者は長辺の短辺から５mほどのところに救助用チューブを持って配置し、もう１人が短辺に位置します。短辺の、長辺から１mくらいの場所に受講者が位置します。

(a)最初の受講者がプールに向かい両腕の力を抜いて立ち、次の受講者がその受講者の肩を両手で優しく押す。

(b)落水してすぐに浮かんでくる。

(c)しばらく背浮きの姿勢で浮いている。

(d)指導者が救助用チューブを受講者の胸の上に身体に対して垂直になるように載せる。

受講者が救助用チューブをしっかり抱えたら、救助用チューブを引っ張り、プールサイドに寄せます。プールサイドに到着したら自力でプールサイドに上がります。次の受講者が指導者の合図で落水します。

効果測定が終了したら、ダイビングプールからコースプールに移動し、スタート台に平行になるように２列横隊を作ります。２列横隊のまま、全員を指導者側に向かせ、指導者が「バディー」と声を掛け、点呼を取ります。全員いることを確認したら、あいさつをしてから清潔作業に入ります。なお、使用したペットボトルがプールサイドに放置されていないか、指導者が最終のチェックを行います。

清潔作業ではうがいをしてシャワーを浴びます。全員がプールサイドから出たことを確認してから、事務室に終了報告をして、指導者も更衣室に向かいます。

図5-46　効果測定の要領

第6章

水　難

水難の統計データの入手方法、言葉の整理、さらに実際の事故例についてまとめました。ういてまてを講習するための知識の整理のお手伝いをします。

第6章 水難

キーワード

海難

船舶に関する事故。船舶の損傷を生じたとき、または船舶の運用に関連して船舶以外の施設に損傷を生じたとき、船舶の構造、設備または運用に関連して人に死傷を生じたとき、船舶の安全または運行が阻害されたときをいう。

6-1 水難の統計

水難と一言でいっても、多種多様です。水の事故をどこが調査するのか、どのような観点で統計にまとめるのか、それをどの機関が発表するのかによって、例えば件数が大きくぶれます。

警察庁生活安全局地域課から発行されている水難の概況に統計がまとめられています。調査は全国の警察署ごとで行われ、毎年１月から12月までに発生した水の事故のうち警察官が現場にて活動した事故が対象です。統計として、年ごとの水難発生件数と死者・行方不明者数の推移、死者・行方不明者数を発生した場所で分けた構成比、あるいは水難の直前の行為で分けた構成比、ならびに死者・行方不明者の年齢で分けた構成比が図表として提供されています。直近の水難の概況は、電子データとして警察庁のホームページ http://www.npa.go.jp/publications/statistics/safetylife/sounan.html に掲載されています。

総務省消防庁でも毎年、全国の消防本部が調査した結果を１月から12月までの災害出動として消防白書にまとめています。その中でも特に役立つ統計は、救急自動車による都道府県別事故種別救急出場件数および搬送人員と、都道府県別救助活動件数および救助人員の一覧表です。この中ではさまざまな種類の事故が区分けされており、水に関する事故は水難として分類されています。水難の件数や人数を都道府県別に比較することが可能です。消防白書は平成20年度発行分からホームページ http://www.fdma.go.jp/publication/#whitepaper に掲載されています。

海上保安庁では海上保安レポートを発行しています。その中に記載されている人身事故発生救助状況において、海難に関する統計と、海中転落などの海難によらない乗船者の事故と陸から落水するなど海における事故（海浜事故）についての統計を毎年公開しています。電子情報としては年報が速報

とともに、平成９年度発行分から海上保安庁のホームページである http://www.kaiho.mlit.go.jp/doc/hakkou/report/top.html に掲載されています。

例えば警察庁の警察白書ならびに水難の概況について触れてみましょう。これらが現在、国内で最も古くからのデータを容易に手に入れることのできる統計です。それによると、昭和50年には全国で4,600件ほどの水難が発生し、3,100人強の死者・行方不明者を数えましたが、図6-1に示すように平成11年には発生件数が2,000件を割り、平成14年には死者・行方不明者数が1,000人を割り込みました。平成30年には同692人となっています。一見すると、水難による犠牲者は年々減少しているように思えます。

ところが総務省消防庁の救急自動車による事故種別救急搬送人員を見ると、水難で搬送された人は平成15年に2,255人だったのが平成30年で2,318人でさほど変わっていません。また、海上保安レポートの海浜事故のデータを見ると平成15年に遊泳中、釣りなどマリンレジャーの最中に海で発生した事故に遭遇した人は873人でそのうち死者・行方不明者は301人であったのに対して、平成29年には事故に遭遇した人が805人でそのうち死者・行方不明者は245人とやはり減っています。ライフジャケット着用推進の効果がでています。

さらに、東日本大震災のような大災害の特殊要因が入ると、統計上は年によって水の犠牲者が突発的に増大することもあります。これを特殊なことと捉えるのか、それともある年単位の間隔で繰り返して起こる通常のことと捉えるのか、わが国ではまだ整理がついていません。

このように、水難の統計を理解するときには常に多角的な見方で整理することが求められます。水の事故の本質など実はわが国では何も分かっていないのかもしれません。統計を正しく解釈するということは大変難しいことです。

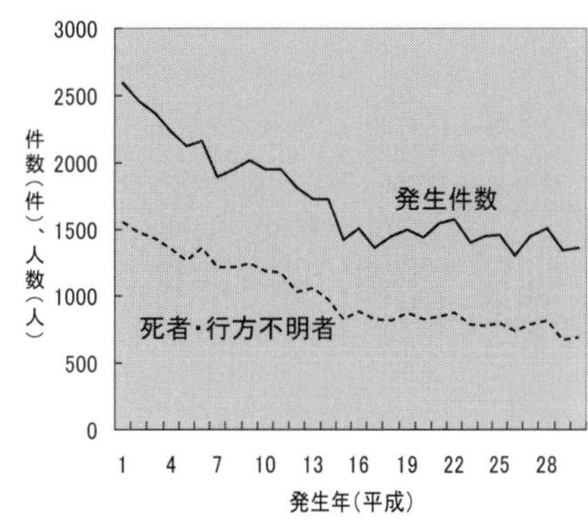

図6-1　全国の水難件数、および水難死者数・行方不明者数

表6-1　平成30年中の都道府県ごとの死者・行方不明者数（合計692件）

死者・行方不明者数が多い

都道府県	死者・行方不明者数
千葉県	37
静岡県	35
長崎県	32
新潟県	30
大阪府	30

死者・行方不明者数が少ない

都道府県	死者・行方不明者数
群馬県	0
鳥取県	3
広島県	4
京都府	4
青森県など	5

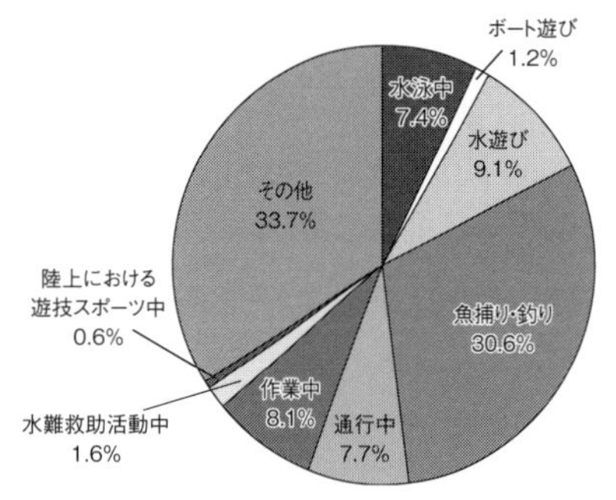

図6-2　全国水難の行為別死者・行方不明者数の状況（平成30年）

キーワード

通行中

溺水時の行為として多いのが、通行中に溺れるという事故。実際には散歩中に誤って川に転落したなどのように歩いていて落水した行為を指す。海のない地域では事故原因のトップになる。

6-1-1 全国統計

平成30年中の警察庁の水難の概況によれば、表6-1に示すように都道府県別で水難の死者・行方不明者数が多いのは千葉県、静岡県、長崎県、新潟県など海岸線が長い県です。一方、山梨県、群馬県、奈良県、栃木県など海に面していない県は少なくなります。件数で見れば少ない県は、多い県の1/10ほどです。さらに、6月から8月までの間に年間水難件数の50%以上の事故が発生することが分かっています。つまり夏季に水辺の観光地などで水難に遭う可能性が高いということになります。言い換えれば、日常生活の中で毎日そのような場所に行かないから、たまたま年間で考えると死者・行方不明者数がそれほど多くならなかったともいえるのです。水難はある地域においてある季節に集中して起こる、特異な事故なのです。

水難の概況では、水難に遭った人が事故のときにどのような行為をしていたかという統計を出しています。毎年の傾向で、魚捕り・釣り中というのが最も多く、図6-2に示すように平成30年中では全体の30.6%に達しています。次に多いのが水遊び中で9.1%です。このようにして見ると、水着の状態で水難に遭遇しているのは水泳中だけで、残りの9割以上は、服を着た状態で水難に遭っていると容易に推測できます。逆に考えれば、水着で水難に遭遇した場合は自力で助かるため警察の統計にあがらないとも推測できます。いずれにしても水難に遭遇して、着衣状態で死亡する人が多いのが事実です。

水難の概況では中学生以下の子どもの事故と高校相当年齢以上の人の事故を分けています。水難に遭った人がけがの有無を問わず生還した確率を生還率といいますが、子どもの生還率は近年80%以上であるのに対して、それ以上の年齢の人の生還率は50%程度です。そして、子どもの生還率はこの20年で着実に上がってきています。ういてまての普及もきっと貢献していることでしょう。

6-1-2 地域統計

水難の種類や犠牲者の年齢層は地域によって異なります。すなわち水難には地域性があります。図6-3は、水辺に掲げられている水難防止用の注意喚起看板です。図柄からして、子ども向けの注意喚起のように見えますが、子どもが用水路に落ちる事故は注意喚起するほどたくさん起こっているのでしょうか。

図6-3　危険を知らせる立て看板の例

地域では、警察署や消防本部がその地域で起こる水難の発生状況についてまとめています。図6-4と図6-5は水難に遭った被害者の年齢構成を示した統計で、それぞれ新潟県内の隣接する二つの警察署管内で発生した事故（市町村合併前）についてまとめてあります。管内の人口はそれぞれ似ていて、15万人から25万人の間にあります。図6-4の事故統計をまとめた長岡警察署管内には海がなく、平野部には水田が広がっています。一方、図6-5の事故統計をまとめた柏崎警察署管内には長い海岸線があります。

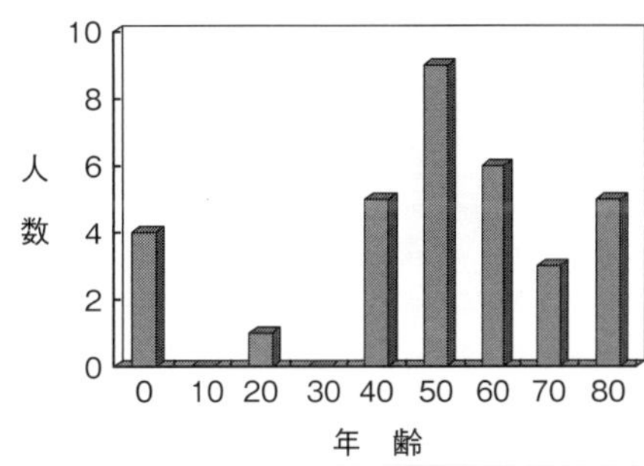

図6-4　海のない地域における年齢別水難者数（平成８年～平成14年）

これらの統計を吟味することにより、年齢による特徴を見いだすことができます。同じ県内でも海岸線の有無で水難に遭遇する年齢層が異なります。例えば、長岡では40歳より高齢者が事故に遭っています。犠牲になったこれらの人は、通行中に用水路に落ちる事故を起こしており、ほとんどが着衣状態でした。なお用水路の水が引く９月以降では事故件数が急激に減少します。一方、柏崎では50歳より若い人が事故に遭っています。特に10歳代と40歳代に二つのピークがあります。犠牲になったこれらの人は７月から８月にかけての海水浴シーズンに海岸で事故を起こしています。夏は家族で海に遊びに行く機会が増えるので、年齢構成も家族連れの年齢構成に一致します。近年、50歳代の事故が急激に増えてきています。50歳代の友人同士で海にレジャーに来る例が増えており、このことも水の事故は人間の行動に直結していることを示しています。

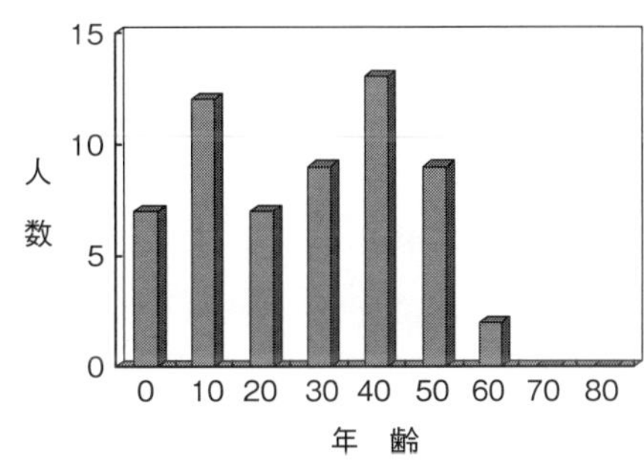

図6-5　海のある地域における年齢別水難者数（平成８年～平成14年）

6-2 水の事故

警察庁は、屋外で発生した事故だけを水難件数としてまとめています。海上保安庁は、海で発生した事故を海難件数、船からの転落件数、海浜事故件数として表記しています。水にからむ事故全般（水の事故）まで広げるとさまざまな事故の形態があり、全ての件数を数え上げると、それらは国内で年間実に数万件に達すると予測されます。本書はういてまてについて説明することを目的としていますので、浮くことで生還できる事故に解説を絞るべきですが、ここでは対象を少し広げて水の事故全般について簡単に触れておきます。

水の事故を発生場所で分けると表6-2に示すようになります。このうち、警察白書の統計に件数として数えられる水難は、家の周辺、施設のうちのプールおよび自然水域で起きた水の事故で、自殺や海難を除いたものになります。

国内に限定すると、水の事故は風呂に始まり風呂に終わるといえます。生まれてから１年ほどたつと伝え歩きくらいまでできるようになります。そして１歳前後の乳幼児が浴槽に落ちて死亡する事故が目立ちます。過去には毎年100件程度報告されていました。２歳から４歳までは自宅の池に落ちる事故が増えます。５歳からプール、河川、海で水の事故に遭うようになります。高校生以上になると海での事故が最も多くなります。これは40歳代まで続き、それを過ぎるとプールが海に取って代わります。そして60歳、70歳では海もプールも少なくなり自宅付近の側溝と風呂が多数を占めるようになります。入浴中に意識消失したり、急病を起こしたりして溺れる事故が毎年１万件以上報告されています。

要するに、水の事故は人間の生活そのものに直結しているのです。行動範囲によって決まります。警察庁の水難の概況によれば、全年齢で見ると水の事故は海で最も多く発生しているのですが、中学生以下の子どもに限れば河川で最も多く発生しています。寒い時期の冷水への転落もあります。

表6-2　水に関する事故の一覧

場所		事故形態
家庭内	誤飲	乳幼児による誤飲
	バケツ	水の入ったバケツに頭から転落
	浴槽	落水、入浴中意識消失、急病
	洗濯機	落水
家の周辺	池	遊戯中落水、狩猟中落水
	流雪溝	作業中落水
	側溝	歩行中あるいは自転車走行中落水
	用水堀	歩行中あるいは自転車走行中落水
施設	プール	没水、急病
	温泉・銭湯	入浴中意識消失、急病
自然水域	海	落水、海難事故、没水、急病
	河川	落水、没水、急病
	湖沼	落水、没水、急病

キーワード

浴槽での事故

高齢者が急病を起こして、結果的に湯船に沈んでいる例が多い。溺水として扱われる例は少ない。

6-3 溺水と溺者

自分の意志に反して水面あるいは水中にいて、陸に上がれない状態を溺水といいます。前者を浸漬、後者を没水といいます。溺水の状態は次の三つに分けることができます。

- 浮いて救助を待つ状態
- 顔面没水
- 完全没水

浮いて救助を待つ状態をウオーターレスキューと呼びます。この状態では呼吸ができています。すなわち浸漬です。呼吸を確保するために、背浮きになっていたり、浮いているがれきにつかまっていたりします。意識はあるので、少々水を吸い込んで咳をしている状態になることもあります。

顔面没水では呼吸をしていません。水面にうつぶせで浮いている状態なので、発見と陸への引き上げが早くなります。ところが完全没水では、捜索から開始しなければなりません。自然水域では水の透明度が低く、数十cm水面から沈んだだけで、姿が見えなくなります。捜索している間に時間がたち、救助されても社会復帰の可能性は低くなります。

溺水の状態にある人を本書では溺者と定義します。溺者は落水や深みにはまると泳いで没水から免れようと考えますが、それがかなわないと最悪の結果として溺死に至ることがあります。それを陸から見た印象は次のとおりです。まず体が垂直になり水面で数秒間浮こうと努力します。水着の状態であれば足キックと腕のかきでなんとか顔が水面上に出ます。泳ぎの上手な人であれば、そこから泳ぎ始めます。一方、泳ぎがうまくなかったり、着衣状態であったりすると、ほんの一瞬呼吸をしようと顔を出し、その反動で沈みます。

水難で命を落とす原因は、浸漬による低体温と没水による窒息の大きく二つに分かれます。

キーワード

冷水への転落

冷水に漬かると体が動かなくなる。厚着をしていれば服の内部に入った水が体温で温まり、生命維持にプラスに働くし、水面に浮き上がり水の浸入が少なくて済む。落水時の服装が生死を分けることが多い。

社会復帰

災害・事故・急病に遭遇し医療機関に入院し治療を受けた後、ほぼ元の状態で社会活動が行える状態。

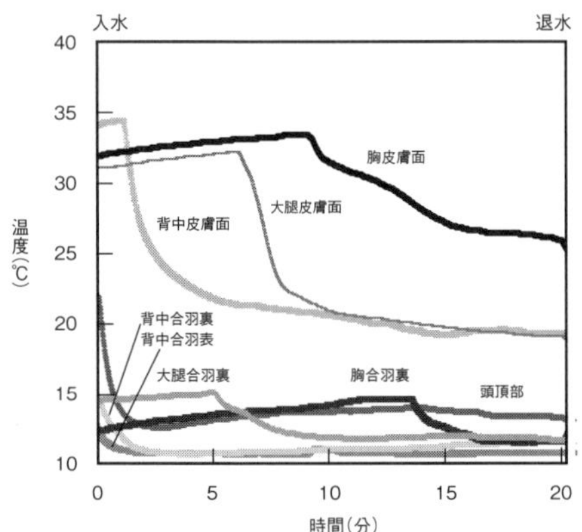

図6-6　ダウンジャケット＋シャツ＋長ズボン＋合羽＋長靴＋ゴム手袋＋靴下の被験者の各部の温度変化の様子（水温10℃）

図6-7　10℃の冷水における背浮き実験の様子

6-3-1 浸漬

津波で海に流されたが、がれきにつかまりながら顔を出している、水深が浅く水中で立てるがコンクリートの護岸のために陸に上がれない、など浸漬はさまざまな場面で見られます。浸漬で怖いのは体温の低下、すなわち低体温です。

低体温から身を守る方法は二つあります。早く水から上がること、上がれないのであれば衣服の間にたまった水を逃さないこと。水と空気では空気の方が熱を伝えにくいので水中よりは空気中の方が熱は奪われません。早く陸やがれきの上に上がり、乾いた服などに着替えます。どうしてもそれができない場合には、体温で温まった衣服内の水が冷たい水と交換されないようにじっとしています。冷水に落ちるときは服を重ね着している場合が多く、水が衣服の中に入ってきてもその水が衣服の外の水と交換されづらいといえます。

図6-6は厚着に合羽を着用した状態で10℃の水に漬かった人の各部の気温あるいは水温を示します。被験者の状態を図6-7に示します。合羽裏では水の浸入により温度（水温）が15℃以下であるのに対し、厚着の内側の皮膚面においては入水10分以内に水が浸入するにもかかわらず、温度（水温）が20℃以上に保たれています。じっとして温まった水を逃さない工夫が必要だということが分かります。

体温は腋（わき）の平均で36.9℃に保たれています。なんらかの原因で熱が奪われれば体温は下がり、特有の症状が現れます。例えば震え、無関心、錯乱、昏睡（こんすい）、筋硬直などで、このような症状を総称して低体温症といいます。熱が奪われても生きている限り熱を産生するわけですから、温度が25℃の水に1時間漬かったからといって直ちに命に関わるわけではありません。ただ、水温が17℃を下回ってくると浸漬時間によっては命に関わってきます。温度10℃の水に1時間も漬かれば奪われる熱に産生が追い付きません。そのため体の動きが鈍くなり、意識、呼吸、そして心拍が停止します。

6-3-2 没水

ヒトの体の比重は、状態によって1より大きくなったり、小さくなったりします。平均でみれば吸気では0.98程度、呼気で1.03程度です。従って空気を吸い込んでいれば水に浮くし、吐き出せば沈みます。

上半身は肺があるため比重が軽く、下半身は筋肉のために重くなっています。そのため、気をつけの姿勢で水面に浮こうとしても足が沈みます。しばらくすると垂直の姿勢になり、図6-8(a)のように空気を吸い込んでいれば体の98%が沈んで2%が水面上に出ます。訓練を受けていなければ、浮具がない限りたいていの溺者は自然にこの姿勢になります。この姿勢では呼吸することができませんので、溺者は手足の動きを使って水面に顔を出そうとします。顔を水面に出すということは成人で3kgfくらいの浮力が必要ですので、技術と体力がなければ浮いていられません。

図6-8(b)のように溺者が助けを呼ぶために手を挙げると、腕が水面上に出すことのできる2%を担ってしまうのでその分だけ体は沈みます。さらに図6-8(c)のように「助けて」と声を出せば肺の空気がなくなり比重は1を超えて、ますます沈みます。つまり溺者が静かに沈むというのは、体を垂直にして、手を挙げて、声を出して助けを呼ぼうとしたときに起こる現象なのです。

没水から逃れるためには、水面で背浮きを行い、声を出さないことが肝要です。図6-9(a)のように素足で気をつけの姿勢だと足から沈みますが、図6-9(b)のように運動靴を履いていればその浮力のおかげで足が沈みません。ちょうど水面にてバランスが取れた状態になります。息を吸っていれば、顔の一部は水面上にあることになり、苦しくなったら呼吸を素早く行うことで浮いて次の呼吸も確保することができるのです。

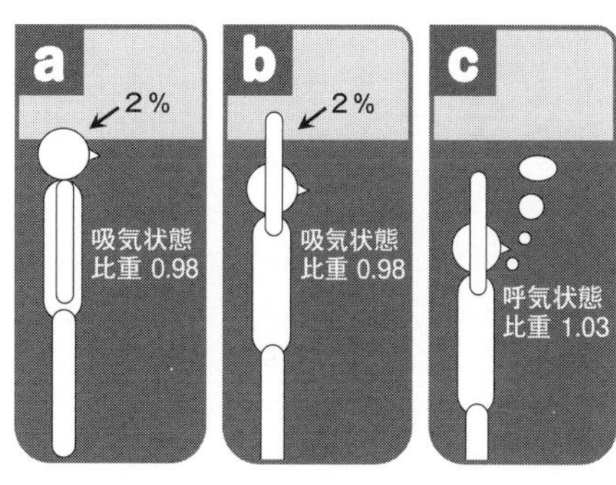

図6-8　没水のメカニズム
(a)空気を吸っていると、頭の先端だけが水面に出る、(b)手を挙げれば手だけが水面に出る、(c)空気を吐き出すと体は沈み始める

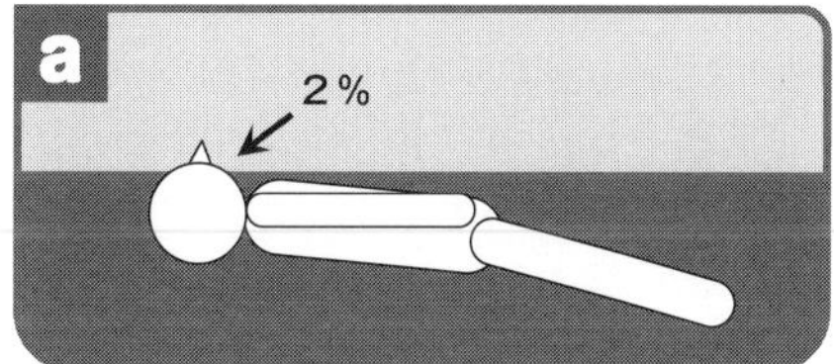

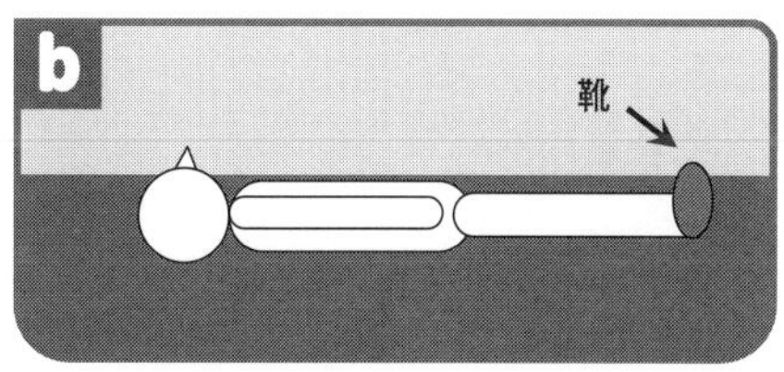

図6-9　背浮きのメカニズム
(a)素足ではバランスが悪い、(b)運動靴の浮力でバランスがとれる

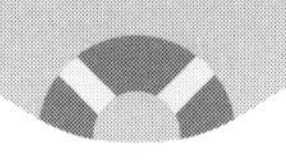

没水の状態では、一般的に次の５段階を経て、最悪の場合には死に至ります。

- パニック
- 呼吸停止
- 意識障害
- けいれん
- 心停止

パニックの段階では、溺者は危険を察知して恐怖を感じます。どうしてよいのか分からず動きが止まります。足が水底に届かない水の中では溺者は体位を垂直に取り、沈みます。

呼吸停止の段階では、水が溺者の口や鼻に入り込み一部が肺までの空気の通り道（気道）に向かい、それをきっかけにして喉頭蓋（こうとうがい）が気道をふさぎ窒息します。窒息が続くとやがて溺者は肺に酸素を取り入れることができなくなり、意識を徐々に失います。これが意識障害の段階です。

意識障害の段階では、溺者の動きはほぼ止まります。意識を消失すると溺者の体は沈みます。水没の速度は、溺者の中にたまっている空気の量、体重および筋肉の重さによって異なります。例えば水没の直前に「助けて！」と声を出せば、肺の空気を吐き出すことになり、より速く沈降します。

呼吸ができないと脳への酸素の供給が絶たれることになり、けいれんを始めることがあります。また低酸素状態になることで、ヘモグロビンが鮮紅色を失い、溺者の唇や爪などが青紫色に見えるチアノーゼを呈するようになります。呼吸のできない状態が続くと早ければ数分以内に心拍が停止します。体内の臓器は酸素を十分に含んだ血液を受け取ることができなくなり、溺死に至ります。

キーワード

パニック

ストレスによって自己のコントロールが効かなくなり、環境に対処することが不可能になる状態。

喉頭蓋

嚥下（えんか）時に気管を閉じるための、舌の後ろにある軟骨の辨（べん）。

ヘモグロビン

血液中の赤血球にある色素。酸素と結合すると鮮紅色を呈する。

チアノーゼ

酸素が足りない血液中動脈血が全身に送られて体の組織が暗青色に変色した状態。

6-4 水難からの生還例

(1) 東日本大震災

宮城県N小学校では、毎年全校児童を対象に津波教育とともにういてまて教室を開催していました。東日本大震災の津波は、N小学校の体育館に避難していた住民を飲み込みました。津波の高さは体育館の床から３m以上の高さまで達しました。図6-10を見ると、２階の高さになるギャラリーの床面と同じ高さまで水位が達したことが分かります。当時、体育館の床や舞台にはたくさんの人がいましたが、津波の高さはその人たちの背をはるかに超えました。

当時小学５年のＡさんはそのとき、年に１回習ううういてまてを自然に思い出しました。津波が体育館に入ってきて迫ってくるのが見えて、「舞台の前で止まってくれないかな」と思ったのですが、駄目でした。仕方なく、津波と一緒に流れてきた浮くものを腰の下に挿入して背浮きをしました。水かさが増して背が立たなくなりましたが、浮いて呼吸をすることができました。そばにいたお母さんから名前を呼ばれたのですが、あまり声を出すと体から空気が抜けて浮かなくなるかもしれないと思って「はい」とだけ答えました。そうしているうちに水が引いてきて、元の舞台の上に立つことができて、助かりました。体育館に避難していて、毎年ういてまてを練習していた先生と他の児童も、全員助かりました。

図6-10 東日本大震災で発生した津波にのまれた体育館内の様子

図6-11 小学生が落水してういてまてで助かった現場

(2) ため池への転落

和歌山県のミカン畑に水をまくためにつくられたため池に小学３年のＢくんが６月下旬に転落する事故がありました。Ｂくんは図6-11に示す池のほとりで同級生と遊んでいて足を滑らせ、池に転落しました。転落してすぐに背浮きの状態になりました。履いていたサンダルの浮力があり、力を抜くだけで大丈夫でした。

騒ぎを聞いて駆けつけた池のほとりに住む主婦が一度自宅

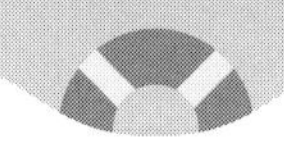
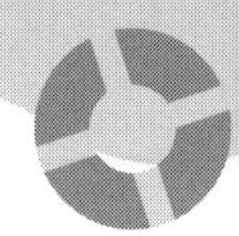

に戻り、空のペットボトルを数本持ってきました。主婦はテレビで「ういてまてで浮いている人にペットボトルを渡して救助する番組を見た」ということで、見よう見まねでペットボトルを小学生の胸をめがけて投げました。最後の2Lくらいの容積のある1本が小学生の胸に載りました。

小学生はそのペットボトルをしっかりつかみ、背面キックでゆっくりと岸に向かいました。まるで指導員養成講習会の効果測定Ⅱ（118ページ）のシーンそのものでした。小学生がきちんと背浮きしていたので、ペットボトル救助が奏効した例です。

(3) 川に流された１

九州北部の海沿いの小学校に通うＣくんは、７月中旬に学校でういてまてを習いました。練習では服を着た状態でプールで背浮きをすることができました。

次の日のことです。学校から少し上流にあるコンクリートで固められた放水路で遊んでいました。いつもは数cm程度の深さしかないところですが、その日は朝からの雨で１m近く増水していて、しかも流れが急でした。Ｃくんはそこで遊んでいるうちに流れに流されました。

騒ぎを聞いて近くの大人が放水路に近づいてきました。Ｃくんは20mほど背浮きになり流れていきました。流れてみると景色の変わり方はゆっくりで、そのうちつかまることのできる突起がコンクリートの壁に見えてきました。それにつかまりました。上には自力で上がることはできませんでしたが、近所の大人たちによってそこから引き上げてもらい、無事に救助されました。近所の人が119番通報していて、現場に到着した救助隊員の中に、前日、小学校にういてまて教室に指導に来ていた人がいました。

(4) 川に流された２

小学校５年生のＤくんは友達とコンクリートで固められた

川の河口から200mくらいのところで釣りをしていました。7月下旬の午後のことで、全国的ににわか雨が雷とともに集中豪雨的に降る時期でした。その日もその川の上流数kmで記録的な雨が降り、その雨が直線的な川をいっきに駆け下りてきました。みるみる川は増水し、Dくんと友達は流されてしまいました。

濁流に流れながらなぜか顔は水面から出ていました。背中に背負っていたリュックサックが浮力体になっていたのです。これはどこかで体験したと思い出していたら、学校で習ったういてまてそのものでした。リュックサックの浮力を使い浮きながら流されたら、そのまま海に出ました。陸の方から大人たちが何か騒いでいます。自分たちの姿を見て励ましているようでした。そうこうしているうちに、2人とも無事に陸に救助されました。

(5) 漂流1

タンカーの乗組員が7月中旬に甲板の掃除中に海に落ちました。バランスを崩したときに近くのごみ箱とともに転落し、ごみ箱にあったペットボトルを浮力体に使って2時間漂流し、与論島沖25kmで発見されて救助されました。

(6) 漂流2

10月初旬、釜石市沖約19kmの海上で、タンカーから乗組員が海に落ちました。乗組員は潮目にごみと一緒に集まった3Lの空のペットボトルにつかまって漂流し、転落してから10時間後に発見、救助されました。

第7章

救　助

ういてまてで浮いて待っていたらどのように救助されるのか、どのように救助を受けたらよいのか、ういてまてと救助活動との連携についてまとめました。ういてまてを講習するための知識の整理のお手伝いをします。

第7章　救　助

7-1 救助用装備

7-1-1 救命浮環

消防の装備ばかりではなく、船舶にも装備が義務付けられている救助資器材の定番です。救命浮環（ふかん）は材質の中に空気の細かな泡を入れ込んでいる（発泡体という）ので、空気が抜けることにより急に沈むことがありません。また救命浮環には必ず外周に沿ってつかみ綱が取り付けられているので、水の中でも滑ることなく確保することができます。

図7-1の下方の大型救命浮環は、環状の発泡スチロールや発泡ポリプロピレンでできており、表面にポリウレタン樹脂が塗装してあります。外径約770mm、内径約430mmで人の身体が内側に入るようになっています。単なるスチロール樹脂では比重が1.0強なので真水に沈みますが、発泡体で素材内部に空気が多量に含まれるので、浮力が強くなります。この大型救命浮環の浮力は約25kgfあります。3kgfの浮力で人間の顔を水面上に出すことができるので十分な浮力です。

図の右上は小型救命浮環で、環状の発泡スチロール系共重合体（いくつかのプラスチックを混ぜ合わせた素材）をオレンジ色の布でカバーしています。外径約390mm、内径約150mmで人の身体は内側に入りません。発泡体だから浮力は約9kgfあり、人間の顔を水面上に出すことができます。

図の左上はレジャー用小型救命浮環で、環状の発泡ポリスチレンからできています。ポリスチレン樹脂はプラスチックの中でも水に浮く数少ない素材であり、耐油性があるのでむき出しの状態でも長年の使用に耐えます。この浮環も外径約390mm、内径約200mmで人の身体は内側に入りません。浮力は約8kgfで顔を水面に出すには十分です。

図7-2(a)のように、溺者に救命浮環を投げるときにはロープを結びます。投げ入れる直前は図7-2(b)に示すような状態にあります。

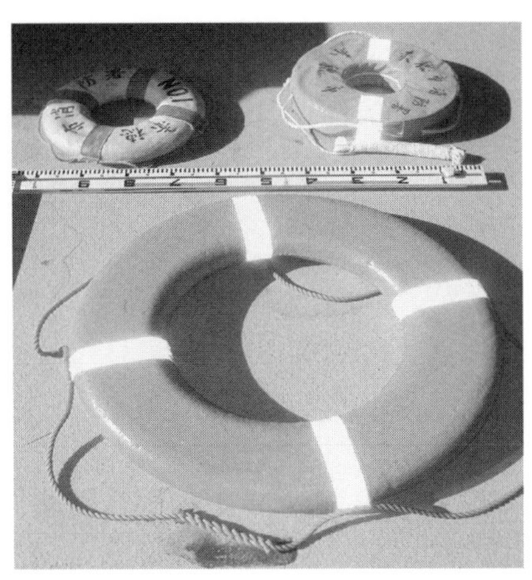

図7-1　救命浮環の種類。（下）大型救命浮環、（右上）小型救命浮環、（左上）レジャー用救命浮環

図7-2　救命浮環はロープにつなげて投げる　(a)ロープをつないでいる様子、(b)投げる直前の様子

7-1-2 救助用浮具

救命浮環以外にも救助用浮具があります。救助隊員を浮かせるばかりでなく、溺者の浮力の補助にもなります。ただし、救命浮環のように溺者自身で簡単に使用することができないので、救助隊員が溺者に直接装着します。種類としては救命胴衣、救助用チューブならびにバックボードがあります。

図7-3に示した救命胴衣は発泡ポリエチレンなどの浮力体をナイロンなどの化学繊維の布でくるみ、ジャケットのように着用できるようになっています。ライフジャケットあるいはライフベストという呼び方をされます。浮力体はやや胸側に多く装着されているので、力を抜いて自然にしているとあおむけの姿勢になります。浮力は7.5kgf以上あるので、顔を水面に出すのには十分です。初めから着用している状態で水に落ちれば理想的ですが、落水後に着用の必要があるときには、図7-3に示すように救助隊員が着用を手伝います。

救助用チューブ（図7-4）は細長いチューブ状の浮具で、レスキューチューブあるいはウオーターパークチューブという名称で市販されています。種類によって長さが0.95m～1.30mあります。棒状の発泡ウレタンを赤色の強化ビニルでカバーしています。金具が付いていて環状にできるタイプと環状にできないタイプとがあります。２人くらいつかまっても顔を水面に出せるほどの浮力を持ちます。

バックボード（図7-5）は陸上で要救助者の身体を固定するために使われますが、本体を軽くして水に浮くようにしてから水難救助にも使用できるようになりました。特に水に飛び込んで頸椎を損傷した疑いのある溺者の救助に役立ちます。図7-6はその疑いのあるモデルをバックボードに載せた様子です。浮力がそれほどないので、人が載ると本体は沈みますが身体は半分水面上に出ています。ABS樹脂でできており、内部が空洞になっています。ABS樹脂そのものの比重は1.07で真水に沈みますが空洞の空気の浮力で浮きます。

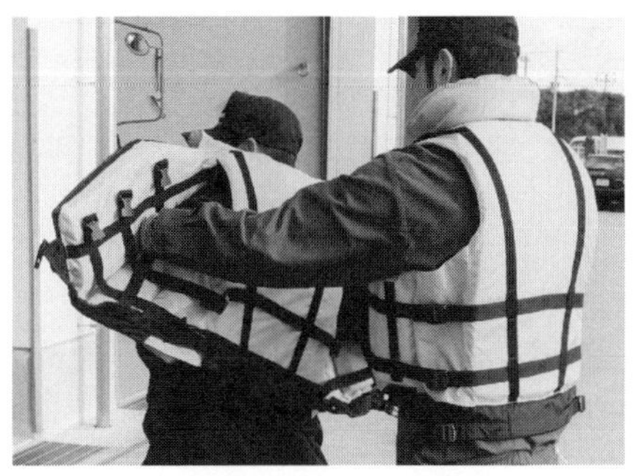

図7-3　救命胴衣とその装着方法

図7-4　救助用チューブ

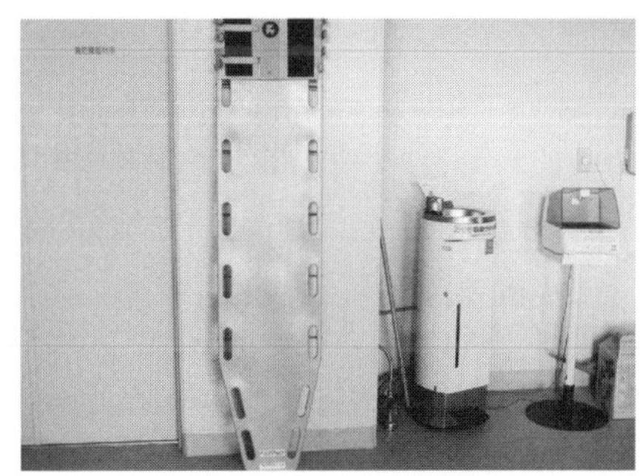

図7-5　バックボード

図7-6　バックボードによる固定

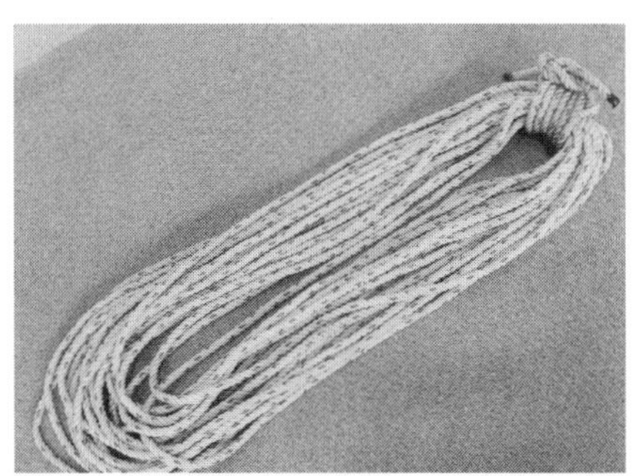
図7-7　救助隊の装備しているロープの例

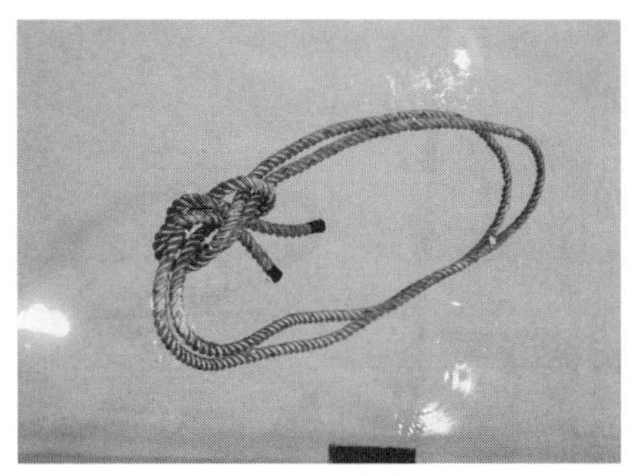
図7-8　ナイロンロープは水に入れてもしばらく浮いているが、水を吸いながら徐々に沈む

図7-9　ロープが水に浮くことでさまざまな利点が生じる

7-1-3 ロープ

救命浮環と同様に装備が義務付けられている救助資器材の定番です。一般的なロープというとナイロン、ポリプロピレン、ポリエステル（工事現場にある黒・黄柄トラロープ）、ビニロン（手触りが木綿に似ている）が素材として使われます。このうち、救助隊が装備しているのがナイロンとポリプロピレンのそれぞれ２種類の素材を使ったロープです。図7-7に救助隊が携行しているロープの束を示します。このような形で現場に運びます。

ナイロンロープはクライミングロープあるいはザイルと呼ばれます。救助隊では一般的に直径12mmのロープを装備しています。ナイロンですから、破断強度は高く、柔軟で扱いやすいのが特徴です。ナイロンの比重が1.1程度なので、原理的にナイロンロープは真水、海水のどちらにも沈みます。ただし、乾いた状態で水に落とすと、図7-8に示すようにロープの中にたまっている空気が抜けるまでは水面に浮いています。

一方ポリプロピレンロープは、ナイロンロープに比較して破断強度が低くなるものの、素材のポリプロピレン樹脂の比重が0.9程度であるため、ロープそのものも真水、海水に浮きます。さらに耐油性に優れており、水を吸収しないし、水に入れても硬くならないという優れた特徴を有します。救助隊の装備としては、やはり直径12mmが定番です。

ポリプロピレンロープは水難救助に、より適しているとする声があります。水難救助のときに、ロープが浮くことによってさまざまな利点が生まれるからです。例えば、図7-9に示すようにロープの位置が確認できますし、水底にある岩や枯れ木にかかることがなく、引っ張るときの水の抵抗が小さい、より短いロープで遠くに届くなどが挙げられます。

7-1-4 はしご

たいていの自然水域では、砂浜の海岸を除いて水面の高さより陸の高さが高いのが普通です。このような場所で陸上に上がるために必要な器具がはしごです。救助技術を学んだ人が海で溺れている人を発見し、飛び込んで確保したが、岸壁に上がれずに２人して救助隊のお世話になり、最終的に救助された側の人数に数えられて怒ったという笑い話があるくらい、最後に陸に上がることは難しく、そして重要です。はしごが装備してあって初めて救助隊と呼べるともいえます。

救助隊の装備しているはしごは、チタン、アルミニウムあるいはステンレスの各種合金からなります。チタンは比較的強くて、高融点で、しかも軽い金属なので、過酷な災害現場で持ち運びしなければならないはしごには適当な素材であるといえます。実際、チタン製はしごの種類が消防向け装備としては最も多いようです。

たいていの消防が装備しているはしごは大きく分けて、鉤(かぎ)付きはしごと三連はしごの２種類です。図7-10に示す鉤付きはしごは重量８kgで長さが3.1mあります。はしごの先端にある鉤を手すりなどに引っかけて固定します。大きめの鉤が付いているはしごなら、岸壁の水平面に鉤を引っかけることも可能ですが、岸壁に架梯(かてい)した場合は点で支えることになり不安定になります（図7-11）。長さがそれほどあるわけではないので、比較的水面まで近いときに用いられます。

一方、図7-12に示す三連はしごは重量が33kgあり、三つ連なるはしごを全部伸ばせば長さは8.1mに達します。図7-13で見られるようにバスケットストレッチャーと一緒に救助工作車に収納できる構造になっている場合があります。三連はしごは岸壁の面から水面まで比較的遠いときや水深が深いときに用いられます。

浮環やロープに比べて、はしごだけは救助隊の装備を使用せざるを得ない場合が多いのです。何があってもまずはプロの救助隊を呼ぶ意味はここにあります。

図7-10　鉤付きはしご

図7-11　鉤付きはしごの設置例

図7-12　最大長さに伸ばされた三連はしご

図7-13　三連はしごの収納の例

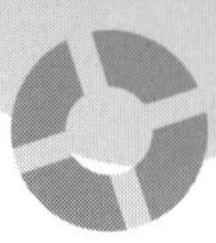

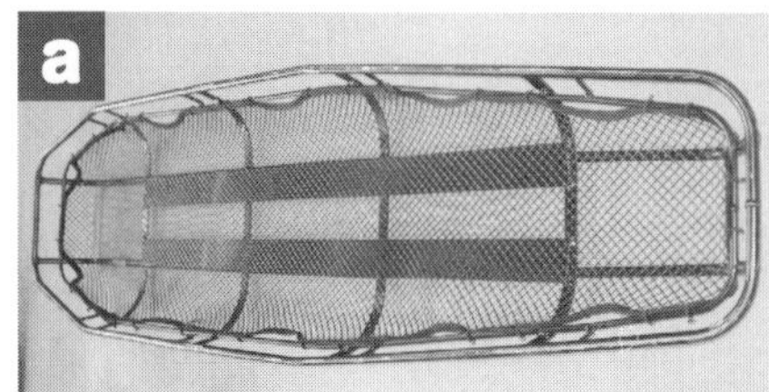

図7-14　ワイヤーバスケットストレッチャー
(a)概観、(b)つり上げの様子

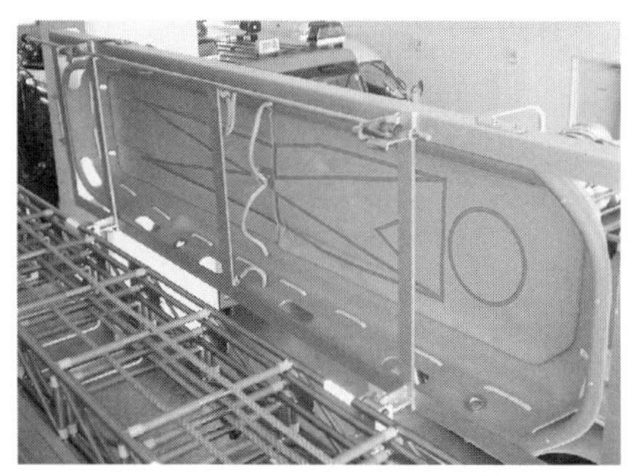

図7-15　バスケットストレッチャー

図7-16　救助用担架

7-1-5 つり上げ担架

溺者を岸壁まで搬送しても、溺者が意識障害を起こしていることがあります。その場合、溺者がはしごを自力で上がることは困難であるため、溺者をつり上げ担架の中に収容して、救助工作車のクレーンによって陸に引き上げます。つり上げ担架にはスチール製のワイヤーバスケットストレッチャー、ポリエチレン製のバスケットストレッチャーがあり、さらにいろいろな軽量素材を組み合わせてできている救助用担架などが救助隊の装備として準備されています。

ワイヤーバスケットストレッチャーはアルミニウムやチタン製のフレームを使用していて、図7-14(a)に示すようにバスケット部には非金属あるいは軽金属素材のメッシュを張ってその上に要救助者を収容するようになっています。風の影響を受けにくいのでヘリコプターによるつり上げ収容にも適しています。標準的な重量は10kg前後で比較的軽いのですが、水に沈むという欠点を持ちます。救助工作車のクレーンでつるときには図7-14(b)に示すように水平でつり上げます。

バスケットストレッチャーは舟型担架とも呼ばれます。ポリエチレンの一体成型でできており、フレーム部はアルミニウムなどの素材でできているチューブで補強されています。バスケットストレッチャーそのものは水に沈むことはありません。しかしながら人を上に載せると沈むので、もし溺者ごと浮かせて牽引(けんいん)する必要が出てくれば、浮力20kgf程度の発泡性素材からなるフローテーションカラーと呼ばれる浮具を本体に取り付けます。図7-15のバスケットストレッチャーは、三連はしごと一緒に救助工作車に収容され災害現場に運ばれます。

救助用担架はフレームがチタン製チューブなどからなり、人を載せる部分には軽量の帆布が張られています。図7-16のようにクレーンでつるときには担架帆布面が水平方向より傾くようになっていて、搬送者の頭を下げずに済みます。

7-1-6 救助用縛帯

海釣りなどで転落し、浮いていたとしても海流があるので流されていきます。岸から遠ざかる恐れがある場合や、すでに遠ざかってしまった場合には、各都道府県にある消防防災航空隊に派遣要請が入り、所属の消防防災ヘリコプターが救助に向かいます。数十分単位で我慢して浮いていれば、沖に流されても必ず救助の手が来ます。そのような状態の溺者をつり上げるときに使われるのが救助用縛帯(ばくたい)で、サバイバースリングや三角ハーネスがあります。さらに救助隊員が溺者を確保するときには、専用のハーネスが使われます。

サバイバースリング（図7-17）は最もよく使われる縛帯で、ヘリコプターばかりでなく、救助工作車のクレーンでつり上げるときにも使います。装着が早く250kg以上のつり上げ能力もあります。要救助者に直接当たる部分にはクッションが入っていますが、体験するとつり上げられたときに意外に痛いことが分かります。バンザイすれば抜け落ちる危険があり、意識がないとつり上げは不安です。

三角ハーネス（図7-18）は救助工作車でつるときによく用いられます。股、両脇の下から通したベルトを束ねることで、座った状態でつり上げることが可能です。安定したつり上げが可能で、要救助者はあまり痛みを感じません。水中での取り扱いも容易です。構造上、意識障害のある溺者には向きません。

救助隊用ハーネスはヘリコプターの救助隊員がよく使用します。図7-19に示すように、自然な体勢でつられるので、楽に作業ができます。要救助者をつり上げるために使用するサバイバースリングなどを取り付ける金具も付いています。

図7-17　サバイバースリング

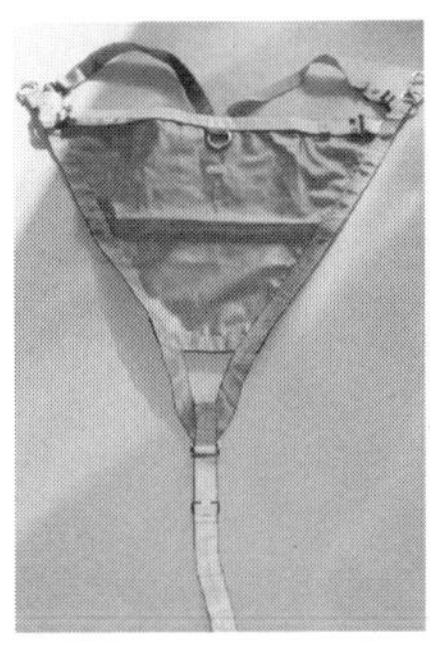

図7-18　三角ハーネス

図7-19　救助隊用ハーネス

b

図7-20　落水から浮いて待て

7-2 救助全体の流れ

救助には陸からの救助、船舶からの救助、航空機からの救助、ならびに直接人が水に入って救助する入水救助があります。それぞれに特徴がありますが、溺者はただ一つの方法をもってして救助を受ければいいのです。それが、**浮いて待て**、です。救助全体の流れを理解することにより、溺者の技術であるういてまての重要性を認識します。

7-2-1 子どもの場合

溺者が子どもだったり、高齢者のように体力的に限界が近づいている者だったりする場合には、陸に上がるときに援助が必要になるため、救助隊員が水に飛び込み救助に入ります。

(1) 落水から、浮いて待て（図7-20）

(a)台風が近づいている夏の日、岸壁で遊んでいた子どもが1人、バランスを崩して転落した。

(b)ここでういてまての背浮きを行うことで、とりあえず水没は免れる。

(c)陸にいるバイスタンダーがペットボトルやかばんなど身の回りのものを投げる。

(d)ペットボトルを確保した。これで少々の波でも水面に浮かんで呼吸することができる。

(2) 119番通報から救助隊の現場到着まで

バイスタンダーが現場に複数いるのなら、すぐに119番通報して、プロの救助隊を呼びます。近くの大人を呼んできても時間の無駄です。子どもだけの場合、現場にいた子どもが直接119番通報します（図7-21）。

(a)バイスタンダーが直接119番通報して救助隊を呼ぶ。バイ

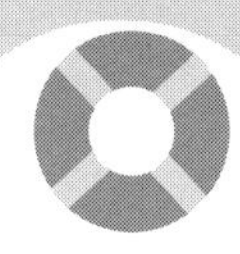

スタンダーに子どもしかいなければ子どもが直接通報する。
(b)司令室は場所ならびに状況を聴取して、現場に近い必要な隊を急行させる。
(c)現場に救助隊が到着。よほどのへき地でなければ10分の単位で現場に到着する。浮いている溺者が、この間、浮いて呼吸を確保している必要がある。
(d)救命浮環を持って溺者の待つ水辺に走っていく。

図7-21　通報から救助隊到着

(3) 救助

溺者が水面に浮いている場合には、陸からまず救命浮環が投げられて、渡されます。それにつかまることで沖に流されるのを防ぎ、その間に溺者を陸に上げるための準備を行います（図7-22）。

(a)岸壁の上から溺者が浮いていることが確認された。
(b)救命浮環が投げられた。救命浮環は溺者の胸の上、あるいは溺者より沖で、ロープが溺者の胸の上に載るように投げられる。
(c)救命浮環を確保した。ただ片手にペットボトルを持っているので、完全ではない。
(d)救命浮環がロープによって岸壁まで引かれた。

溺者が岸壁に到着したら、陸に上げる準備が始まります（図7-23）。

(a)ウエットスーツやフィン（足ヒレ）を装着した救助隊員が岸壁の上から飛び込み入水した。
(b)救助隊員が溺者を確保した。救助隊員にしがみつくようなことをしない。救助隊員の指示に従いながら行動する。
(c)陸上にいる救助隊員が鉤付きはしごを岸壁に掛けている。このような装備品はプロだからこそ準備できる。
(d)はしごにつかまり上り始めたらペットボトルは邪魔になるので、救助隊員がペットボトルを受け取った。その後、陸上にいる救助隊員により援助されてはしごを上りきった。

図7-22　浮環救助

図7-23　入水救助から上陸まで

7-2-2 成人の場合

溺者が体力的に持つ成人などの場合には救助隊員が水に飛び込まずに陸からの救助を選択する場合があります。このときには助言を得ながら陸に上ります。

(1) 落水から、浮いて待て（図7-24）

(a)寒い冬の日、釣りをしていたお父さんが釣れた魚を家族に見せようと岸壁を走ってきた。

(b)海に落ちた。冬の服装なので、すぐに浮く。

(c)陸にいる家族が、お父さんに直接当たらないようにクーラーボックスを投げ入れた。

(d)クーラーボックスを確保した。これで少々の波でも水面に浮かんで呼吸することができる。

(2) 119番通報から救助隊の現場到着まで

バイスタンダーが携帯電話を持っているのなら、その場ですぐに119番通報して、プロの救助隊を呼びます（図7-25）。

(a)救助隊を呼ぶ。この場合には、溺者であるお父さんの携帯電話を使って子どもが119番通報している。

(b)司令室は現場に近い必要な隊を急行させる。

(c)救助隊が到着。救助工作車から必要な資器材を出す。

(d)救命浮環を持って溺者の待つ水辺に走っていく。

(3) 救助

溺者が水面に浮いている場合には、陸からまず救命浮環が渡されます。それにつかまることで沖に流されるのを防ぎ、その間に溺者を陸に上げるための準備を行います（図7-26）。

(a)岸壁の上からロープ付き救命浮環が溺者に向けて投げられる。

(b)救命浮環を確保した溺者をロープで引き寄せた。

(c)岸壁の端に長さの十分な鉤付きはしごが掛けられた。

(d)自力ではしごを上ってきた。これで助かった。

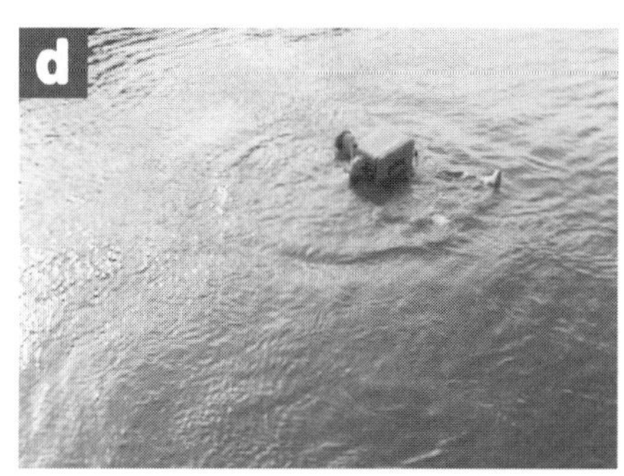

図7-24　成人の落水から浮具あり背浮きまで

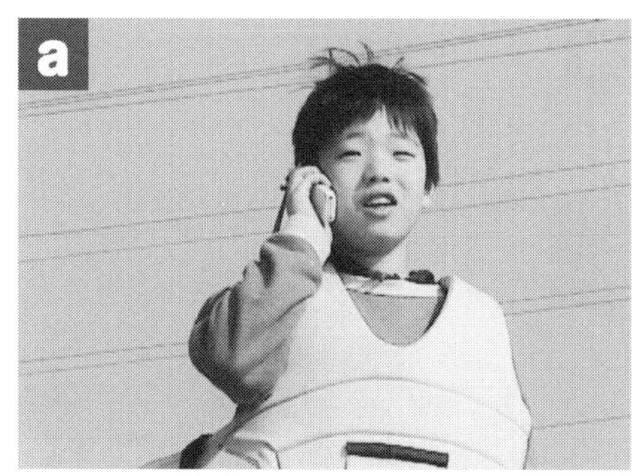

図7-25　通報から陸からの救助開始まで

図7-26　救助活動から上陸まで

7-3 救命浮環による救助の受け方

救助隊が現場に到着して、溺者が背浮きで浮いていることを確認したら、まず投げるのが救命浮環です。

岩場や波止から海に転落して、ペットボトルをつかんで背浮きしていると、たいてい海流に流されて岸から離れていきます。救助隊は到着するとまず溺者がどこにどのような状態で浮いているのか確認します。

図7-27は岸から10mほど沖で浮いている溺者に対して訓練で救助隊員が救命浮環を投げる様子です。

(a)救命浮環に結び付けられたロープを絡まないよう束にする。

(b)適当な長さのロープをまとめたところで、輪の束を二つに分けて、それぞれを右手と左手とに分けて持ち、利き手に救命浮環を持つ。

(c)いつもの訓練で培った腕力を用いて、目標に向かってかなり力を入れて投げる。

(d)水上での10mは遠く感じる。ロープを投げて10mの先の目標物にロープ先端を着水させるのは日頃から訓練していても難しい。救命浮環が届かなかったり、ずれたりしても溺者は取りに行かなくてよい。

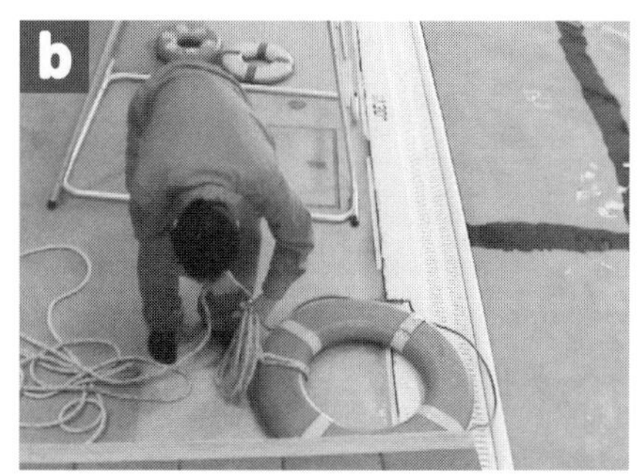

図7-27　大型救命浮環による陸からの救助活動

(1) ペットボトル１本で背浮きしている場合

背浮きで浮いて待っているときに、おおよその岸からの距離を判定する方法があります。距離水面と岸がほぼ同じ高さであるなら、５mくらいまでは離れても岸の人影が分かります。しかしながら10m離れると人影は分からなくなります。従って救助隊員の姿が分かれば、ロープ付き救命浮環が投げ入れられるかもしれないと心の準備をし、見えなければ救助隊員が直接泳いで救助に来てくれるかもしれないし、ヘリコプターが救助に来るかもしれないと考えます。

図7-28は岸から５m程度のところにペットボトル１本で浮

図7-28　ペットボトル１本背浮き状態での浮環救助の受け方

いている溺者にロープ付き救命浮環を投げ入れた例を示しています。

(a)救助隊に救助されるまでバランスを崩さず浮いている。何か来たように感じてもそちらを向こうとしない。向こうとした瞬間に身体のバランスを崩して水没に至る恐れがある。溺者は自分から何かする必要はないので、救助を静かに待っていればいい。

(b)ロープの投げ方がうまいと身体に垂直になるように胸の上にロープが載るようにロープ付き救命浮環が投入される。このとき、救命浮環は自分よりも沖に着水するはずである。救命浮環を探しに行かなくてよい。救命浮環を探そうとするとバランスを崩した瞬間に水没する。余裕があったら、ロープが引っ張られたような気がしたらペットボトルを放さずにロープに軽く触る。余裕がなかったら、ペットボトルをしっかり両手でつかんでいる。

(c)だんだん救命浮環が近づいてきて自分の身体に接触したら、片手でつかまる。このときに陸上から「つかまれ」という指示が出るのでそれを合図にしてもよい。なお、救命浮環につかまるときはペットボトルを放さない。

(d)救命浮環をつかまえたら、片腕をしっかり救命浮環の穴に入れて確保する。自信がなければペットボトルを放さないで片手で持っている。余裕があったら両手でしっかり救命浮環を抱える。

(2) ペットボトル２本で背浮きしている場合

図7-29は岸から５m程度にペットボトル２本で浮いている溺者にロープ付き救命浮環を投げ入れた例を示しています。２本のペットボトルを持っているとより安定して浮いていることができますが、救命浮環を取るときに取りづらくなります。またペットボトル２本で立泳ぎをしていると救命浮環を取る瞬間に水没する可能性が高くなります。もし泳ぎに自信がないのであれば、安定した背浮きで浮いてください。

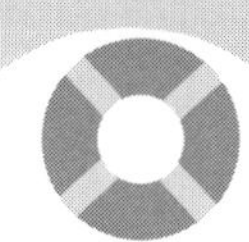

(a)ロープが岸より引っ張られて救命浮環が自分の身体に接触したら救命浮環の確保に移る。救命浮環に近い方の手をペットボトルから離し、もう一方の腕で2本のペットボトルをまとめて抱える。救命浮環を受け取っても体位はペットボトルを抱えたまま背浮きでいるのがよい。身体を起こしたとき、救命浮環の浮力が足りないと顔が水に沈む恐れがある。

(b)身体のバランスが取れているのなら、ペットボトルを抱えていた腕で救命浮環を持つ。両手でしっかり抱えることになる。逆にペットボトルは放されて漂い始める。

図7-30にロープ投げが難しい例を示します。図では溺者の頭が岸の方角を向いているため、ロープを投げると身体がロープと平行になってしまいます。救命浮環が溺者の股の間に入ればロープを引っ張ったときに救命浮環が溺者の胸の上に載ります。

(a)図に示すように救命浮環が脚を大きく外れると難しい。このようなとき、溺者はロープを腕に通すようにして、ロープが引っ張られたときにちょうど胸の位置に救命浮環がくるようにする。

(b)図に示すように少し足を使って救命浮環の位置を変えることでも対処できる。両方とも行動に移っている間にバランスを崩す恐れがあるので自信がなかったら、もう一度救命浮環が投げられるのを待つか、救助隊員が飛び込んでくるのを待つ。

(3) クーラーボックスを浮具に背浮きしている場合

つかまっている浮具がクーラーボックスのように大型の場合には、救命浮環を確保するのが少々難しくなります。

ここでは胸にクーラーボックスを抱えている状態を想定してください。クーラーボックスは浮力が大きいので少々頭を持ち上げても身体全体が沈むことはありません。従って、周辺の状況を確認するにはよい浮具です。ところが唯一、頭が沖に向いていて、足が岸を向いているときだけ岸からの救助

図7-29　ペットボトル2本背浮き状態での浮環救助の受け方

図7-30　浮環救助が受けづらい場合

図7-31　クーラーボックスを浮具にした背浮き状態での浮環救助の受け方

の様子を確認することができません。クーラーボックスのように大型の浮具を抱えているときには、できれば岸と身体の向きを平行にするように動き、岸の様子が分かるようにしておきます。

図7-31にクーラーボックスで浮いている場合の救助の進み方を示します。

(a)クーラーボックスを胸に持ち、安定して浮いているところに救命浮環が投げ入れられる。

(b)目標はロープがクーラーボックスの上をまたぐように決められるはずである。脚の方にロープが来ても救命浮環を取ることができないので、取れなかったら再度救命浮環が投げ入れられるまで待つ。

(c)ロープが引き寄せられて救命浮環が身体に触ったら手探りでつかまえる。救命浮環の穴に腕を差し入れしっかり確保する。クーラーボックスは浮具なので、しっかり確保している。

(d)この場合、救命浮環はどちらかというとロープで岸に引き寄せられるための道具である。両腕でしっかり救命浮環を確保していること。

7-4 入水救助の受け方

溺者が岸から離れていたり、子どもや高齢者のように体力的に持たないかもしれないと判断されたりすると、救助隊員が直接水に入ってきます。その場合は、陸から泳いでくる場合、船舶から入水してくる場合、ヘリコプターにつり下げられながら近づいてくる場合があります。

7-4-1 救命浮環による救助

(1) ペットボトル１本で背浮きしている場合

ロープ付き救命浮環が溺者の近辺に届かない場合や溺者が泳力・体力的に持たないと判断された場合には救助隊員が水に入って救助に来ます。例えば岸からの距離が10m以上離れている場合や水に流れがある場合です。子どもや高齢者など泳力・体力が乏しいと救命浮環を準備して投入する時間すらない場合があります。水に入って直接救助する行動は救助隊員にとっても危険な行為ですが、このようなときには訓練された水難救助隊員が最後の手段として水に入ります。

救助隊員が水に入って直接救助に来たら、全てを任せてじっと背浮きで待っています。自分から救助隊員の身体にしがみついたり、慌てて救助用具につかまろうとしたりしてはなりません。両手でしっかりと浮具を抱えて、救助隊員の指示に従って行動します。

図7-32にペットボトルを１本持って背浮きをしているときの救助のされ方を示します。

(a)救助隊員がペットボトルで背浮きをしている溺者に近づき、溺者が流されないように身体の一部を軽く確保しながら身体を浮かせてくれる。これで少々バランスを崩しても水没することはなくなる。救助隊員に絶対に飛びかかったりしがみついたりしてはならない。

(b)救助隊員が救命浮環をそっと渡してくれる。ペットボトル

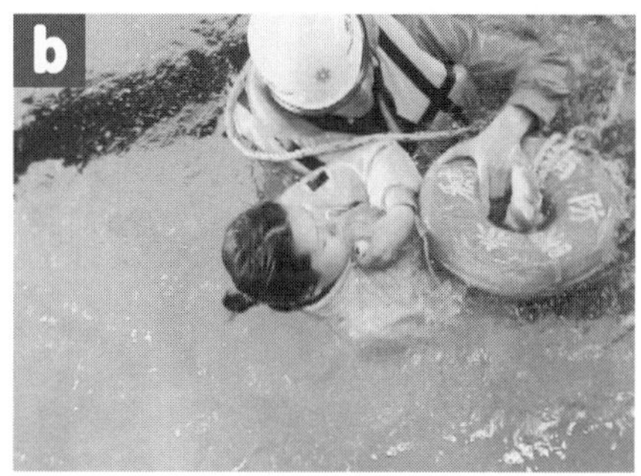

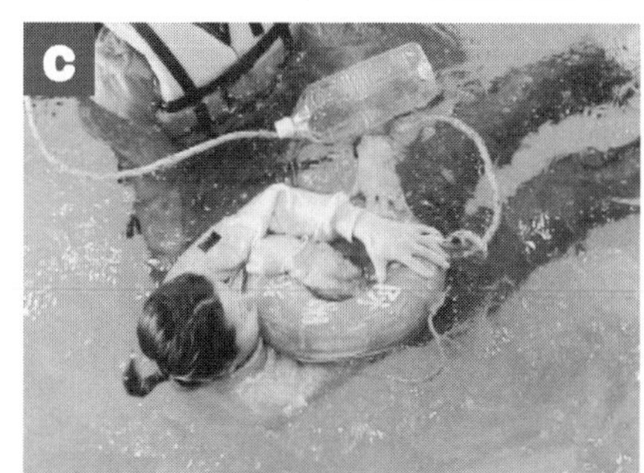

図7-32 ペットボトル１本を浮具にした背浮き状態での入水救助の受け方

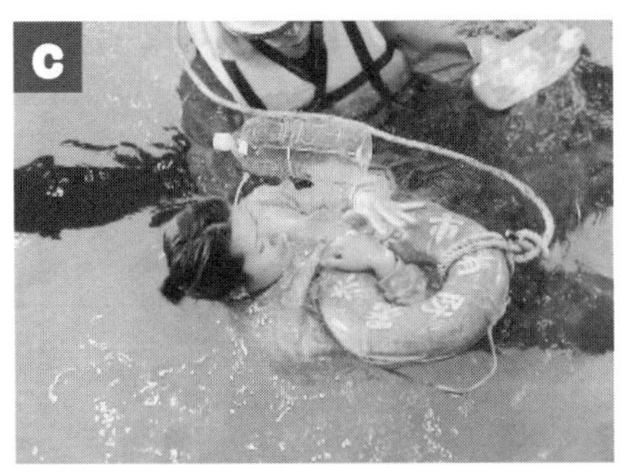

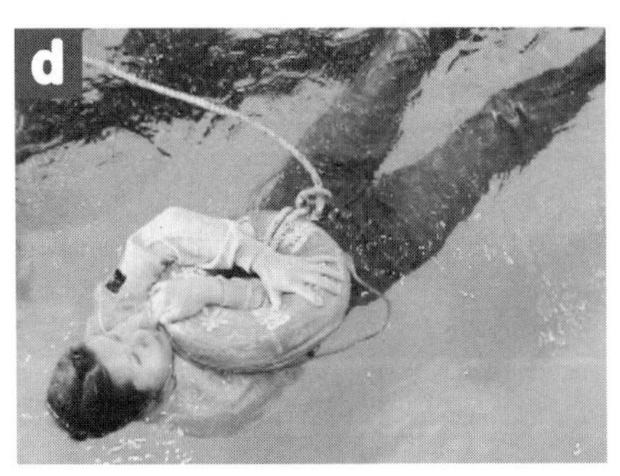

図7-33　ペットボトル２本を浮具にした背浮き状態での入水救助の受け方

を持つ腕のすぐ上に救命浮環の穴を持ってくるので、持つように言われたら片手を下から救命浮環に入れて確保する。
(c)もう一方の腕でも救命浮環をしっかり抱える。ペットボトルは放す。これで救命浮環を放さない限り安全である。
(d)陸からゆっくりとロープが引かれ、救命浮環ごと岸に向かって引っ張られる。救助隊員は一緒に移動する。

(2) ペットボトル２本で背浮きしている場合

図7-33にペットボトルを２本持って背浮きをしているときの救助のされ方を示します。２本のペットボトルを持っているとより安定して浮いていることができます。
(a)救助隊員が救命浮環をそっと渡してくれる。
(b)持つように言われたらペットボトルを放し片手を下から救命浮環に入れてしっかり確保する。
(c)もう一方の腕でも救命浮環をしっかり抱えるように指示されるので、ペットボトルを放しそれに従う。
(d)救命浮環ごと岸に向かって引かれる。

(3) ペットボトル２本で立泳ぎしている場合

図7-34にペットボトルを２本持って立泳ぎをしているときの救助のされ方を示します。２L程度のペットボトルが２本あると立泳ぎしても簡単に顔を出すことができます。このような姿勢であれば救助される様子がよく見えます。
(a)救助隊員が救命浮環を持ってペットボトルで立泳ぎをしている溺者に近づき、溺者が流されないように腕などを軽く確保する。指示があるまで立泳ぎを続けること。救助隊員にしがみついてはならない。
(b)救命浮環をそっと渡してくれる。指示があったら、片手のペットボトルを放しながら連続で救命浮環につかまる。
(c)もう一方の腕でも救命浮環をしっかり抱えるように指示されるので、ペットボトルを放しそれに従う。
(d)陸から救命浮環ごとロープで引かれる。

ロープによる引かれ方については7-5にて詳しく説明します。また岸近くに到達した後の陸への上がり方については7-6で説明します。

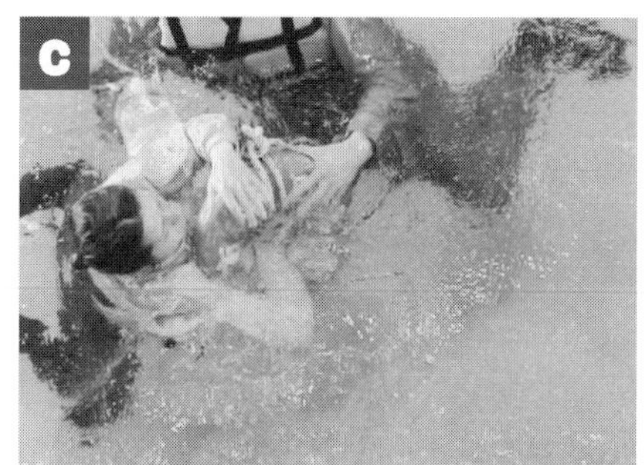

図7-34　ペットボトル2本を浮具にした立泳ぎ状態での入水救助の受け方

図7-35　ペットボトル２本を浮具にした立泳ぎ状態での入水救助による救命胴衣装着の受け方

7-4-2 救命胴衣による救助

救命浮環以外の救助用具を使って救助される場合があります。図7-35にペットボトルを２本持って立泳ぎをしているときの救命胴衣を使った救助のされ方を示します。

(a)救助隊員が救命胴衣を胸に持ってペットボトルで立泳ぎをしている溺者に近づく。指示があるまで立泳ぎを続ける。

(b)片腕に救命胴衣の袖が通されるので、その腕で確保していたペットボトルを放す。

(c)救助隊員が他方の腕を救命胴衣に通すので、その腕に持っていたペットボトルを放す。

(d)救助隊員が身体を後ろから抱える。この状態で救命胴衣によって身体がしっかり浮くので安心してよい。

救助隊員が身体を後ろから抱えた状態で、救助隊員とともに陸からゆっくりとロープが引かれます。救助隊員に全て任せます。

7-4-3 救助用チューブによる救助

海水浴場で遊泳者の監視や救助を行う日本赤十字社水上安全法救助員やライフセーバーは救助用チューブを持って救助に来ることがあります。救助用チューブの浮力は強くて、成人を２人くらい浮き上がらせることができます。救助隊員自身の浮力ばかりでなくて、もちろん溺者の浮力の助けにもなります。図7-36に救助用チューブの受け取り方を示します。

(a)救助を待つ姿勢は背浮きである。浮具が何もないときにはスカーリングで浮いている。そこに救助隊員が救助用チューブを抱えながら泳いできた。近くまで来たら声を掛けられるが、何も合図しなくてよい。

(b)「浮具を渡したらつかまれ」と言われるので、救助用チューブが胸の上に置かれたら両手でしっかり抱える。このとき救助隊員の浮具がなくなるが、立泳ぎをしながら自分自身を浮かしている。

(c)救助用チューブをしっかり抱えてから、不安であれば上半身を起こしてもよい。チューブ上に上半身を預けたくらいでは沈みはしない。

(d)救助隊員が救助用チューブのひもを引っ張りながら逆あおりといわれる救助泳法で岸に向かって泳ぎ始める。じっとチューブに身体を預ける。泳ぐ必要はない。

ペットボトルなどの浮具で浮いているときには救命浮環を確保するときと同じ要領で救助用チューブを確保します。

図7-36　背浮き状態での救助用チューブによる入水救助の受け方

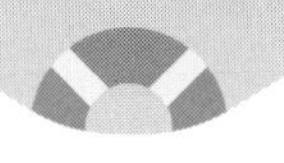

図7-37　救助隊員にはしがみついてはならない

7-4-4 救助隊員には抱きつかない

救助隊員が近づいてきても、抱きついてはいけません。じっと待って救助隊員の指示に従って行動することが重要です。

本書では救助隊員が救助に来たらどうすればよいかを細かく説明していますが、基本的には救助隊員の指示に従って行動すれば、ことが運ぶようになっています。ただし、救助に来た救助隊員の身体につかまったり、抱きついたりしたときは、そのとおりになりません。

浮いていると、周囲の状況がよく分からない恐怖と早く助けてほしい気持ちで何かにつかまりたくなります。特に背浮きで浮いているときには水面にある救助資器材がよく見えないため、目に入ってきたものや人につかまりたくなります。救助隊員が救助に来ると背浮きの場合、見えるのは救助隊員だけです。図7-37にその様子を示します。

(a)救助隊員が救命浮環を持って近づいてきた。救助隊員が溺者の手に救命浮環を触らせてつかまるように言う。この段階で溺者は何をつかんでいるか分からないが、とりあえず救命浮環を持った。

(b)やはり見えるのが救助隊員だけであるので、溺者が救助隊員につかまりにいく。

(c)救助隊員の身体で最もつかまりやすい肩に手を伸ばし、逆に救命浮環から離れた。

(d)完全に救助隊員につかまった。この場合、救助隊員は救命胴衣を着用しているので溺者ごと沈むことはないが、この後の救助活動の妨げになる。

7-5 ロープによる引かれ方

救命浮環を抱えた状態で安定すると、岸にいる救助隊員によってロープで引かれます。岸の救助隊員は溺者の状態を見ながらゆっくりと引いてくれますが、そのときの溺者の体位によっては身体が沈みかねません。

7-5-1 基本動作

救命浮環を抱えた背浮き状態から顔を岸に向ける方法を説明します。その様子を図7-38に示します。

(a)岸に対して身体が平行になっているなら、足を使いながら足が岸に向かうように姿勢を整える。救命浮環を抱えていれば少しくらい頭を持ち上げてもバランスを崩すことがない。

(b)ロープが引かれ始めたら、足を水底の方向に少し下ろす。あまり力を入れなくても少し下がれば水の抵抗によって自然に足が下がり始める。しばらく頭は水面につけておくこと。

(c)この状態で水の抵抗を受けるようになる。下半身ばかりでなく上半身にも抵抗が出始める。そうしたら、その抵抗に逆らうことなく力を抜く。自然と身体が伏し浮きになるように起き上がる。

(d)救命浮環をしっかり確保しながら我慢すればこのように身体が起き上がる。顔を岸の方向に向けることにより抵抗を最小限にして安定して岸に引かれる。

図7-38　救命浮環による陸への引かれ方

7-5-2 救命浮環への身体の入れ方

大型救命浮環が投げ入れられたら、その中に身体を入れることができます。身体を入れる方法（図7-39）を説明します。

(a)ペットボトルなどの浮具から大型の救命浮環に移ったら両手でしっかり救命浮環の端を握る。同時に上半身を起こす。

(b)手首を少し手前に返すようにしてさらに上半身を立てていくと救命浮環が持ち上がり始める。そのまま引き続き手首を返していく。

(c)仕上げに救命浮環の端を水に沈めると安定が崩れて自分の方にひっくり返ってくる。

(d)自分の身体が救命浮環の穴の中にすっぽり入る。

図7-39　大型救命浮環の中への入り方

7-6 岸への上がり方

溺者が泳力・体力的に持つと判断されれば救命浮環につかまったまま岸まで引かれて、岸の高さと水面の高さがほぼ同じであればそのまま自力で岸に這い上がることになります。通常の自然水域では岸の高さが高いことが多いので、そのようなときにははしごが掛けられます。溺者の体力が限界に近づいていると水面からつり上げられます。

7-6-1 はしごに上れる場合

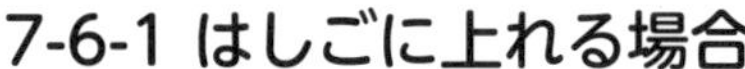

(1) 救命浮環で引き寄せられた場合

はしごに上るまでの一連の動作を図7-40に示します。

(a)岸に到着すると救助隊員がはしごにつかまって水面まで降りて待ち構えている。

(b)救助隊員の手が届く範囲まで岸に近づくと救命浮環と溺者の手が確保される。最後まで救命浮環を両手で確保しておく。引かれる速度が落ちると足が次第に水の中に落ちていくが、救助隊員が救命浮環を押さえていてくれる。

(c)はしごに到着すると救助隊員が身体を抱える。指示に従い片手で救命浮環を持ち、他方の手ではしごにつかまる。

(d)両手で完全にはしごにつかまり、足をはしごにかける。安定したら救命浮環を放し、段を上っていく。

(2) 自力ではしごに移る場合

溺者が泳力・体力的にさらにしっかりしている場合や、近くに岸に上がるためのはしごが設置されている場合は、自力ではしごに移ることもあり得ます。浮具を手から放して、はしごに移る瞬間にバランスを崩すので、注意します。

はしごに自力で移るまでの動作を図7-41に示します。

(a)クーラーボックスにつかまって浮遊しているところにロープ付き救命浮環が投げ入れられてそれにつかまった。クー

図7-40　救命浮環救助からはしごを使った上陸

図7-41　クーラーボックスを持った状態での救命浮環救助からはしごを使った上陸

ラーボックスを抱えており浮力としては十分あるが、救命浮環には腕を通していた方がより安全である。はしごの下まで引かれてきたら、片手をクーラーボックスから離しはしごにつかまる。救命浮環を通した腕はクーラーボックスから離さないようにする。救命浮環は失敗したときの最後の命綱となる。

(b)足を下に下ろしながら身体をひねってはしごに近づく。この姿勢でクーラーボックスを確保しているのは大変だが、クーラーボックスははしごにしっかりつかまるまで放さないようにする。

(c)足がはしごにかかるのを確認したら、クーラーボックスを放してはしごにしっかりつかまる。

(d)両手で完全にはしごにつかまり、足をはしごにかける。安定した状態で上れるなら救命浮環を外しても持った状態でもいい。滑らないようにゆっくり段を上っていく。

(3) ペットボトル立泳ぎからの移り方

溺者がペットボトル２本で立泳ぎをしていて、泳力・体力的にしっかりしている場合、自力ではしごに移ることもありえます。立泳ぎの場合ははしごの位置を確認できるので、移動は比較的スムーズに行うことができます。立泳ぎからはしごに自力で移るまでの一連の動作を図7-42に示します。

(a)ペットボトル２本で、立泳ぎあるいは平泳ぎのキックをしながら岸に向かって移動を始める。２Lのペットボトル２本あれば少々身体がペットボトルに乗っても顔は沈まない。

(b)はしごの下まで来たら、はしごに移動する準備を始める。まず身体が水平になっているようなら両脚を静かに沈める。

(c)片手のペットボトルを放しながらはしごにつかまる。腕の力を使いながら身体をはしごに近づける。

(d)足がはしごにかかるのを確認したら、もう一方のペットボトルも放してはしごにしっかりつかまる。両手で完全にはしごにつかまり、足をしっかりはしごにかける。滑らないよう

にゆっくり段を上っていく。

はしごを上り始めたところ、高さがあって怖くて上がれなくなったときや、途中で体が重くなって動けなくなったときには、その場で動かずにじっとしていてください。救助隊員が補助に向かいます。

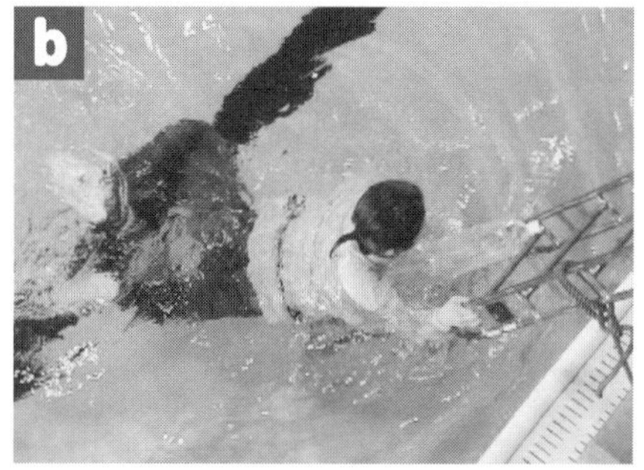

図7-42　ペットボトル２本の立泳ぎからはしごを使った上陸

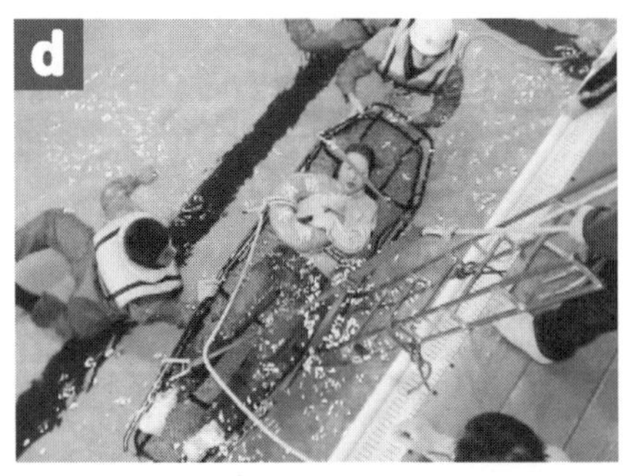

図7-43　ワイヤーバスケットストレッチャーによるつり上げ上陸

7-6-2 はしごに上れない場合

溺者が泳力・体力的に持たないと判断されれば救命浮環につかまった状態で救助隊員が泳ぎながら岸まで連れてきます。このような状態でははしごから自力で岸に上がることができないので、水面から溺者引き上げのための資材が準備されます。例えば図7-14に示すようなかご型のワイヤーバスケットストレッチャーが使われたり、図7-17に示したサバイバースリングがかけられて岸に上げられたりします。到着した救助隊がどのような装備を持っているかによって異なります。場合によってはヘリコプターでつり上げられます。図7-43の一連の写真で説明します。

(a)救助隊員に支えられて背浮きの状態ではしごに近づいてくる。写真の救助隊員は救命胴衣を装着しているので、相当浮力がある。救助隊員は足だけを使って移動するので比較的ゆっくり動いてくる。

(b)岸に到着するころにワイヤーバスケットストレッチャーが水面に降ろされていればスムーズに移ることができる。準備されていなければしばらく背浮きの状態で浮いて待つことになる。ワイヤーバスケットストレッチャーにも隊員がついて揺れないように支えている。ワイヤーバスケットストレッチャーは岸からクレーンなどによってつり下げられている。

(c)ワイヤーバスケットストレッチャーの中に入れられると、救助隊員によって固定のためのベルトがかけられる。この作業にしばらく時間がかかる。

(d)ベルトによる固定が終了すると、合図によりワイヤーバスケットストレッチャーが岸に引き上げられる。あとは岸に上げられて固定が外されるまで静かに待つ。

7-6-3 はしごがない場合の救助の待ち方

溺者が岸壁のすぐそばまで自力で移動してきたか、竿やロープにつかまって牽引(けんいん)されてきたか、いずれの場合でも自然水域でははしごがなければ陸に上がれない場合があります。このような状態では自力で岸に上がることができないので、救助隊が到着するまで岸から流されないようにしなければなりません。

そのとき、立泳ぎの状態で岸から投げられたロープにつかまって救助を待つとか、竿につかまって待つとか、そのように考えるかもしれませんが、それは空想の世界です。やってみると、無理なことに気が付きます。垂直に下ろされた竿やロープに背浮きでつかまらない限り、体力的に持ちません。

陸から竿を渡されている場合には、水面で背浮きをしながら静止しています。図7-44にその様子を示します。竿は垂直に下ろされるので、両手でしっかり握ります。そのときに図7-44(a)に示すようにへその辺りでペットボトルなどの浮具と一緒に持つとよいでしょう。しかしながら、波があって体が上下運動している最中にペットボトルが外れてしまうことがあります。そのときには図7-44(b)に示すように竿を握ることに専念して、ペットボトルは流します。

陸からロープを渡されている場合にも、水面で背浮きをしながら静止しています。ロープは垂直にたるまない程度に下ろされるので、ロープを手首に絡めるなど、手から離れないようにしてしっかり保持します。ペットボトルなど他の浮具を持っている場合にはできるだけ放さないようにします。しかしながら、どうしても放れてしまったら、取りに行かないでやはりロープをしっかり持つことに専念します。

図7-44　陸から差し出された棒へのつかまり方

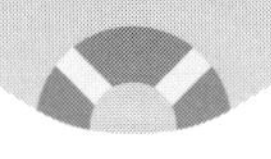

図7-45　小型船舶からの救助の受け方

7-7 船舶による救助

釣りの最中に堤防に落ちた、小型船を操船していて海中転落した、離岸流や河口から流された、など容易に陸に戻ることができない状況で、小型船による救助が行われます。漁港が近ければ漁船が出ることもありますし、海上保安署や消防署が近くにあればそれぞれ救助隊員を乗せた小型船が救助に来ます。

漁船から海中に転落した人を想定して、海上保安署から船外機付き小型船が救助に来た場合について図7-45に沿って説明します。

(a)すぐに背浮きになって防水式携帯電話で119番通報して救助を要請。携帯電話で通話するときには耳に携帯電話をくっつけて耳を水中に入れると相手の声がよく聞こえる。

(b)しばらくしたら、保安署から救助船が到着。

(c)船から保安官が救命浮環を投げ入れて溺者に渡す。そのままロープを手繰り寄せながら溺者を船に近づける。

(d)そして、数人の保安官で船に引き上げる。

近くの海上保安庁の巡視船から小型船で救助に来た場合、潜水士が乗船している場合があります。潜水士は救助の際に海に入ることができるので、ロープ付き浮環を手にして直接入水して溺者の元に近づきます。

船に収容されたら陸まで搬送されて、消防の救急隊などに引き継がれ、救命手当などが行われて病院に搬送されます。

7-8 ヘリコプターによる救助

東日本大震災の津波のように多くの人が救助を待つ場合には全国から多くの消防防災航空隊がヘリコプターで救助に駆けつけます。浮くものを身に着けていたり、持っていたりして、浮きながら津波で流されている人は呼吸を確保しているとはいえ、一刻も早く水から上げないと低体温症で命を落としかねません。ヘリコプターによる救助ではホイストワイヤーでつり下げられた隊員が直接溺者に近づき、サバイバースリングを装着して、ヘリコプターにつり上げます。一度機内に収容し、必要に応じて応急手当や救命処置が行われ、病院に搬送されます。

リュックサックを担ぎながら津波に流された人をモデルに、図7-46に従って救助の流れを説明します。

(a)ヘリコプターから海面に浮かぶ人々を確認。機体に最も近い人から救助すると、機内で方針を決定する。

(b)機体を近づけつつ、救助隊員を降下させる。

(c)救助隊員が着水し、溺者に接触、リュックサックを外し、サバイバースリングを溺者に装着して、つり上げ開始。

溺者はその後機内に収容されます。大勢の溺者が海面に浮いているのであれば、ヘリコプターは上空で少し後退しさらに同じ作業を繰り返し、救助を続けます。

浮いている廃材の上で救助を待つ場合、廃材が小さかったり、軽かったりすると図7-47のようにヘリコプターの風で廃材ごと吹き飛ぶ恐れがあります。できるだけ大きな廃材に移って、うつぶせになりながら救助を待ちます。万が一廃材ごと飛ばされた場合には、背浮きで海面待機しながら引き続き行われるやり直しに備えます。

図7-46　ヘリコプターからの救助の受け方

図7-47　ヘリコプターからの吹き降ろし風でいかだが要救助者ごと吹き飛ぶ瞬間

第8章

プール管理

ういてまてを練習・講習する際に知っておきたいプールの管理方法についてまとめました。事故を未然に防ぐための知識の整理のお手伝いをします。

第8章 プール管理

表8-1　プール水を媒体とする主な感染症

病名	咽頭結膜炎（プール熱）	流行性角結膜炎（ハヤリ目）	急性出血性結膜炎（アポロ病）
病原体	アデノウイルス3型・7型	アデノウイルス8型	エンテロウイルス70型
潜伏期間	3～4日	5～7日	約1日
主な症状	咽頭炎、結膜炎、高熱	結膜炎、耳前腺腫脹、角膜の混濁、眼瞼（がんけん）および眼周囲の浮腫	眼瞼腫脹、結膜充血、耳前リンパ節炎、球結膜出血

表8-2　文部科学省学校環境衛生の基準（平成13年8月28日改正）

項　目	基　準
給水原水	飲食水の基準に適合するものであることが望ましい
水素イオン濃度	pH5.8以上8.6以下
濁　度	2度以下
遊離残留塩素	プールの対角線上3点以上を選び表面および中層で0.4mg/L以上であること。1.0mg/L以下であることが望ましい
過マンガン酸カリウム消費量	12mg/L以下
総トリハロメタン濃度	0.2mg/L以下であることが望ましい
大腸菌群	検出されてはならない
一般細菌数	1mL中200コロニー以下

8-1 プールの水質管理

8-1-1 水質に関する規則

ういてまて教室を実施するときに、いつも以上に気を付けたいのがプールの水質管理です。水は人によって持ち込まれた感染症（表8-1）などの疾病を他人に伝える媒体になり得ます。従って、プールではその媒体を徹底的に管理して、安全を保つ必要があります。

表8-2に文部科学省が通達した学校環境衛生の基準の中で示されている学校プールに係る衛生基準の一部抜粋を示します。この基準は一般的な水泳授業を想定して決められていますが、ういてまて教室中でも基準を満たすことができるように気を付けなければなりません。水素イオン濃度を調整し、糸くずなどで悪化する濁度の管理を重点的に行うとともに、プールおよび腰洗槽の遊離残留塩素濃度をしっかり管理することが重要です。

水素イオン濃度はpH5.8以上8.6以下にしなければなりません。pHの値が低くなると酸性が強くなり、配管などを腐食しやすくなります。一方、高くなると塩素系の消毒剤の効果が低くなり、プール水を媒体とした感染症が広がる危険性が増えます。

濁度はプールの水中に浮遊する糸くずなどの細かなごみや衣服に付着していた洗剤成分により悪くなります。このような濁り成分は微生物の栄養源になるばかりでなく、浄化設備の循環ポンプ故障の原因にもなります。基準では濁度2度以下にしなければなりません。濁度2とは、水中で3m離れた位置からプール壁面が明確に見える程度をいいます。

プールでは遊離残留塩素濃度で0.4mg/L以上にしなければなりません。また上限は1.0mg/L以下であることが望ましいとされています。ウイルスや細菌を1分以内に不活性化させるために必要な遊離残留塩素の濃度が報告されています。例

えば、咽頭結膜炎（プール熱）や流行性角結膜炎（ハヤリ目）を引き起こすアデノウイルスには0.4mg/Lの濃度が必要であるし、腸管出血性大腸菌、緑膿菌、溶血性連鎖球菌、サルモネラ菌、黄色ブドウ球菌などの細菌には0.1mg/L以上の濃度が必要です。上限の1.0mgを少し超えても直ちに衛生上の問題は発生しませんが、刺激臭が強くなるのでできるだけ、上限を守るようにします。

また腰洗槽や足洗場では1992（平成４）年４月28日厚生省生活衛生局長通知により、遊離残留塩素濃度が50mg/Lから100mg/Lの間に保たれていないといけないとされています。しかしながら、腰洗槽や足洗場で高濃度塩素による肌への刺激を訴える場合があったため、2001（平成13）年７月24日厚生労働省健康局長通知により、シャワー設備ならびにプール水の浄化設備がしっかりしている施設では腰洗槽や足洗場の設置が必要なくなっています。

水中の被酸化性物質によって消費される過マンガン酸カリウム（$KMnO_4$）の量を測定すると、水中の有機物の量がわかります。本来、し尿、下水、工場排水などによる汚濁の指標ですが、どの程度汚れがプールに持ち込まれたかを知る指標にもなります。基準では12mg/L以下が望ましいとされています。

キーワード

遊離残留塩素

プール水の中に存在する塩化物を総称して残留塩素という。残留塩素には遊離残留塩素と結合残留塩素とがある。遊離残留塩素は次亜塩素酸HOCl、次亜塩素酸イオンOCl^-などで、殺菌力は次亜塩素酸が最も強く、次亜塩素酸イオンがそれに続く。結合残留塩素はクロラミンと有機性塩素であるクロラミンB、クロラミンTなどで、殺菌力は弱い。

水素イオン濃度の影響

水中では、pH6では殺菌力の強い次亜塩素酸が存在し、pH7.5付近で次亜塩素酸と次亜塩素酸イオンとがほぼ同量存在する。pH10では殺菌力が劣る次亜塩素酸イオンでほぼ占められる。

キーワード

凝集剤

ろ過助剤である。ろ過機手前でプール水に混合し、水中にあるろ過しきれない微細な粒子を大きな塊にして集め（凝集）ろ過できるようにする。ポリ塩化アルミニウム（PAC）や硫酸アルミニウムが使われる。

比濁法

市販の濁度100度溶液（溶液1mL当たり0.1mgカオリン）を用い、0、1.0、2.0～10mLを分取して、精製水を加えて100mLの標準比濁液列（0、1、2～10度）にする。これを検水100mLと比較して検水の濁度を求める。

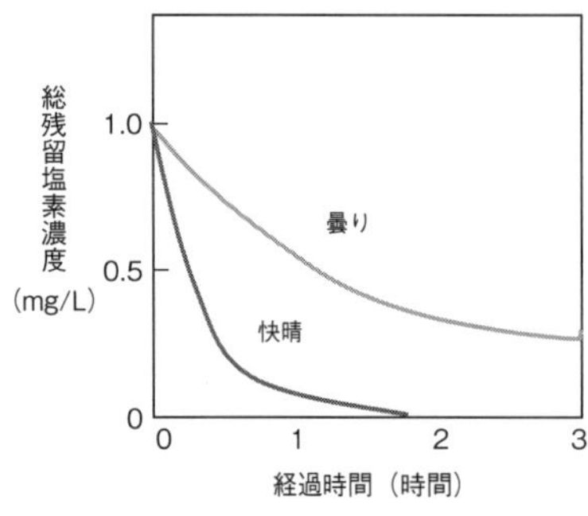

図8-1　真夏の残留塩素濃度の経時変化

8-1-2 実際の管理

(1) 濁度の管理

濁度２の基準は水中で３m離れた位置からプール壁面が明確に見えるというものですが、普通のプールではあり得ない濁りです。ういてまてでは、水が濁るときがあったとしても微々たるものです。ただし、現場で管理運営している担当者からしてみれば、いつもより濁れば基準以下であっても気持ちのいいものではありません。そういった感情的なトラブルを避ける意味でもういてまてを指導するに当たりいくつかのことに気を付けなければなりません。

ういてまてに使う服装は、洗濯した後に水洗いをしっかりした服にします。さらに入水する前にシャワーでしっかり流します。ポケットの中に入っていた紙や糸くずも汚れを引き起こしますので、ポケットの中を必ず空にします。

プール排水口よりプール水を吸水して水の浄化処理を行っている施設では、排水口にういてまて教室の間だけ網戸で使用するネットをかぶせておくと、糸くずなどが水浄化処理施設に入ることをある程度防止できます。糸くずは水浄化処理施設の循環ポンプに絡み付くとポンプの故障の原因となります。

濁りが生じたときには、凝集剤注入装置をフル回転させて濁り成分を凝集し、フィルターで取り去ることも施設により可能です。

なお濁度の定量的測定（比濁法）は少し専門的になるので日常では行われません。

(2) 遊離残留塩素の管理

プールや腰洗槽の残留塩素濃度は、時間の経過とともに素早く減少します。晴天の日は紫外線が強く、紫外線による分解速度は１時間当たり0.6mg/Lに達することもあります。図8-1は真夏の実際のプールにおける遊離残留塩素濃度の経時変化の様子を示していますが、消毒で消費される量も含め

て、消費量は１時間で0.8mg/Lになり、２時間で遊離残留塩素濃度はゼロになります。遊離残留塩素濃度がゼロになれば、もちろん殺菌作用を期待することはできません。

ういてまてを行うときには、普通の水泳時と同じようにプール水使用前および使用中１時間に１回以上測定し、その濃度はどの部分でも0.4mg/L以上保持されていることを確認します。特に晴天のときには使用前で1.0mg/Lは確保していた方がよいでしょう。プール消毒剤を選ぶことによって希望する塩素濃度を維持することもできます。ただし、消毒剤を混ぜたことによる重大な事故も発生しているので注意します。

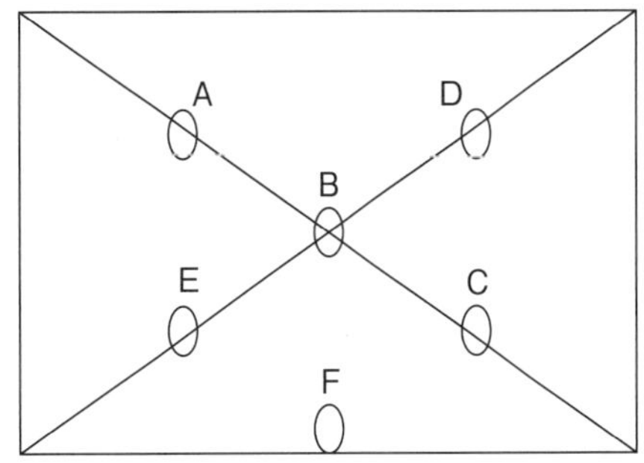

図8-2　検水位置。A、B、CあるいはD、B、Eの３カ所に循環ろ過水取水口の付近（Fとしている）の最低４点で採ると正確な数字を出せる

(3) プール水の検査法

プール水の各種検査は、プールに備え付けてある検査セットで行います。検査方法は検査セットに添付されている使用方法に沿って実施します。ここでは、頻繁に使用する残留塩素濃度測定方法と水素イオン濃度測定方法について説明します。

残留塩素濃度の検査方法には大きく分けてDPD（ジエチル－p－フェニレンジアミン）試薬を用いる方法（DPD法）とOT（オルトトリジン）試薬を用いる方法（OT法）があります。OT試薬は発ガン性が指摘されており、現在では使われなくなりました。ただプールによってはいまだOT試薬が置いてあるところもあります。前者は淡赤紫色を呈する反応で、後者は淡黄褐色を発色する反応を利用するので、検査セットに付いている比色計の色を見ればどちらの試薬を使っているか分かります。

DPD法は遊離残留塩素濃度と結合残留塩素濃度の区別をつけられるという特徴を持ちます。DPD試薬は中性溶液中の遊離塩素と反応すると淡赤紫色を呈します。得られた発色と比色計の比色系列と比較することで濃度を求めます。

典型的な例で測定方法を説明します。

キーワード

塩素濃度を持続するための工夫

ういてまてでは通常の水泳より多くの異物が水の中に入るため、残留塩素の消費速度が速くなる。できるだけ塩素濃度を一定にするためには、消毒剤注入装置の使用、錠剤溶解速度の調整、塩素安定剤の利用という手段が取られる。連続注入装置は二酸化塩素、液体塩素および次亜塩素酸ナトリウム液を連続してプール水に注入する装置で、最近の室内プールなどでは設置されている。錠剤を用いると徐々に溶解していくので、持続性が得られる。最初に次亜塩素酸ナトリウム液をプールに投入し、続いて次亜塩素酸カルシウム錠剤を入れるとよい。塩素安定剤は有効塩素を紫外線分解から守る。イソシアヌル酸は有名な塩素安定剤で、それを塩素化した錠剤は殺菌作用と安定化作用とを併せ持つ。

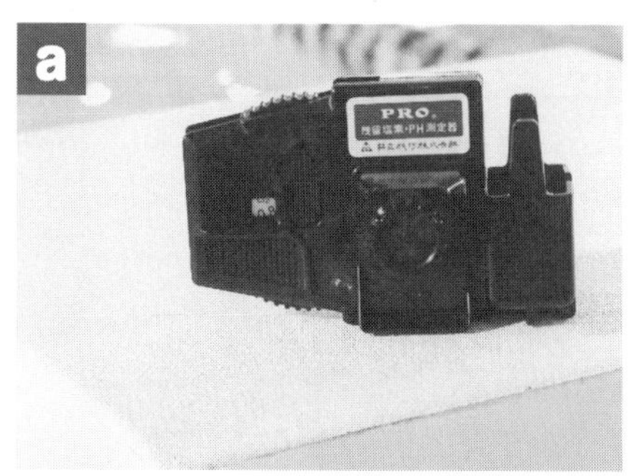

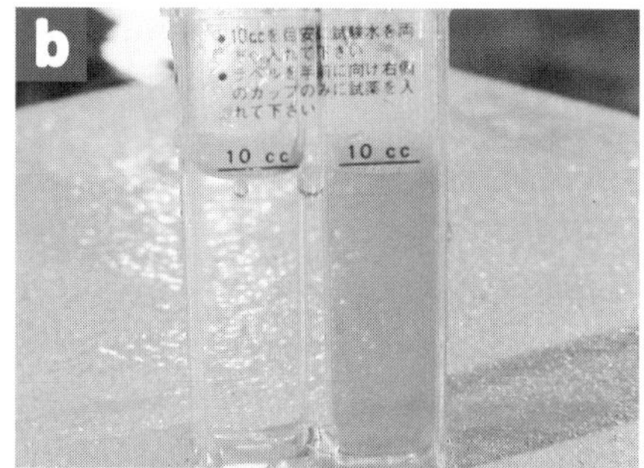

図8-3　DPD残留塩素測定用(a)検査セット、(b)比色管、(c)標準比色系列

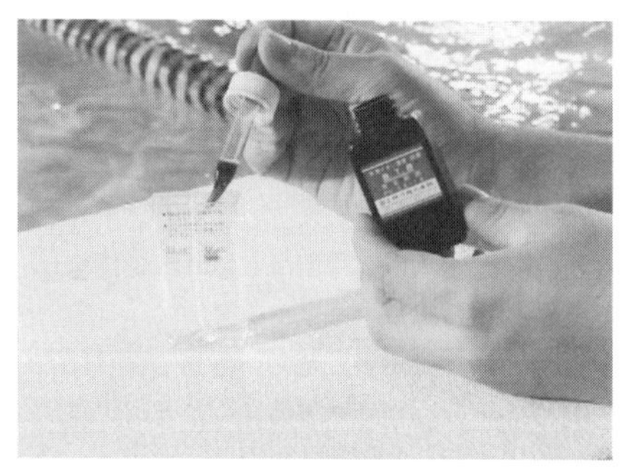

図8-4　BTB溶液を検水に滴下してpHを計る

①プール内の対角線上の３点以上を選び表面および中層から50mL程度ずつを採水する（図8-2)。

②検水を比色計検査セット（図8-3(a)）の比色管の標線（たいてい10mL）まで静かに注ぐ。

③比色管にDPD検査錠剤を入れてよく振とう攪拌する（図8-3(b))。

④直ちに（１分以内）に比色計の標準比色系列（図8-3(c))と比較して濃度を求める。この濃度が遊離残留塩素濃度である。

⑤発色した溶液にヨウ化カリウム（KI）0.1gを加えて振とう攪拌する。

⑥２分後に標準比色系列と比較して濃度を求める。この濃度が総残留塩素濃度となる。

遊離残留塩素濃度が分かったとしても、pHにより次亜塩素酸の生成量が異なります。殺菌力の強い次亜塩素酸HOClか比較的弱い次亜塩素酸イオンOCl^-かによって殺菌力が異なります。遊離残留塩素の種類は水素イオン濃度pHで決まるので、通常の水泳時と同様にプール使用前に１回測定を行い、基準内に入っていることを確認します。凝集剤を使用しているときには、基準内でも特にpH7.4～7.5が望ましいとされますが、pH7.5を超えると急激に殺菌力が落ちるので難しいところです。

測定方法は次のとおりです。

①検水10mLを比色管に採る。

②１%チオ硫酸ナトリウム溶液１滴を滴下して、残留塩素を中和する。

③これに指示薬であるフェノールレッド（PR）やブロムチモールブルー（BTB）を0.25mL加え、よく振とう攪拌する(図8-4)。

④得られた発色を標準比色液と比べてpH値を決定する。

8-2 プールの構造

プールの施設はプール設備と付帯設備から構成されます。プール設備にはプール本体、プールサイドおよび通路、給水設備、排水設備、浄化設備、消毒設備、オーバーフロー水再利用設備があります。一方、付帯設備は更衣室、シャワー設備、便所、うがい設備・洗面設備・洗眼設備・あがり用シャワー設備、くずかご、照明設備、換気設備、消毒用設備、監視所、採暖室、遊戯用施設、観覧席、掲示施設などからなります。このうちういてまで指導をするに当たって知っておきたい設備として、プール本体、消毒設備ならびに浄化設備があります。

8-2-1 プール本体

プールは、遊泳、競泳、教育、流水などの目的を持っていて、その目的に応じて形があります。一般的なプールでういてまで教室を行うということであれば、プールの形は矩形を想像すればよいでしょう。

(1) 断面

水深は日本水泳連盟競技規則で定められています。例えばスタート台が設置してあれば1.2m以上です。スタート台がない場合には、一般プールで1.0m以上（50mプールでは1.35m以上）、小中学校標準プールで0.8m以上です。

図8-5に示すように最深部がプールの長手方向のどこにあるかによって、断面構造の呼び方が異なります。(a)水深が変わらないタイプがフラット、(b)中央が深い構造であるとレギュラー、(c)スタート台に近い場所（たいていはスタート台から５mの位置）が深いと片寄せと呼ばれる構造となります。さらに片寄せタイプでも(d)最深部が3.8m以上あると飛び込み兼用であり、中央の12m×12mの範囲で水深３m以上

a

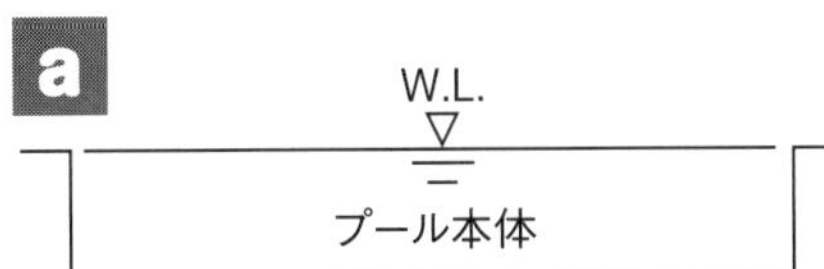

b

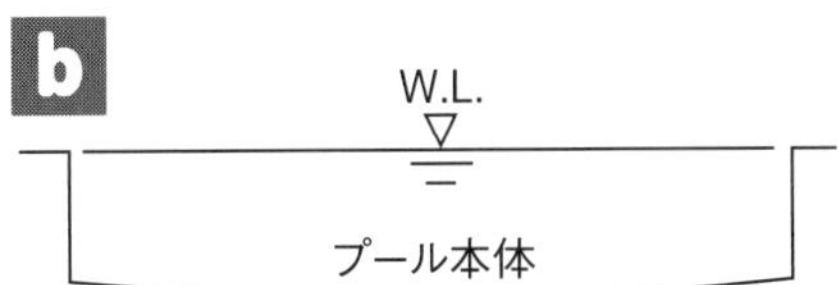

c

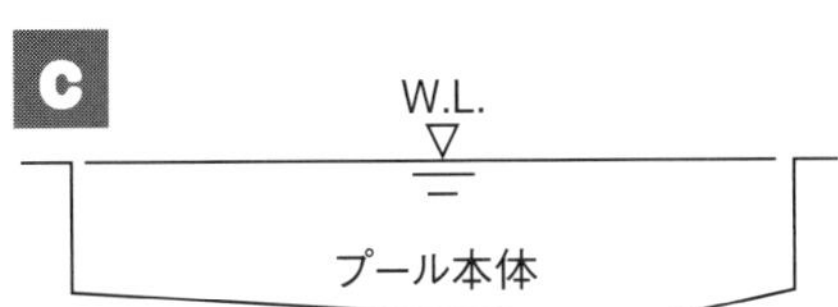

d

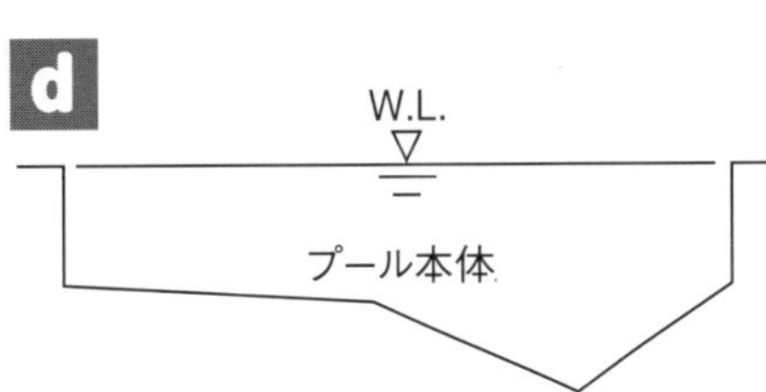

図8-5　プール本体の断面。W.L.は水位線を示す

キーワード

混ぜるな危険

消毒剤注入装置での次亜塩素酸カルシウムと塩素化イソシアヌル酸との混合使用は厳禁である。有害かつ爆発性の三塩化窒素が発生し、人身事故につながる。

●次亜塩素酸カルシウム錠剤
　商品名　ハイクロン
　　　　　ツルクロン

●塩素化イソシアヌル酸錠剤
　商品名　ネオクロール
　　　　　ハイライト

同様に、凝集剤であるポリ塩化アルミニウムと次亜塩素酸ナトリウムの混合も危ないとの指摘もある。

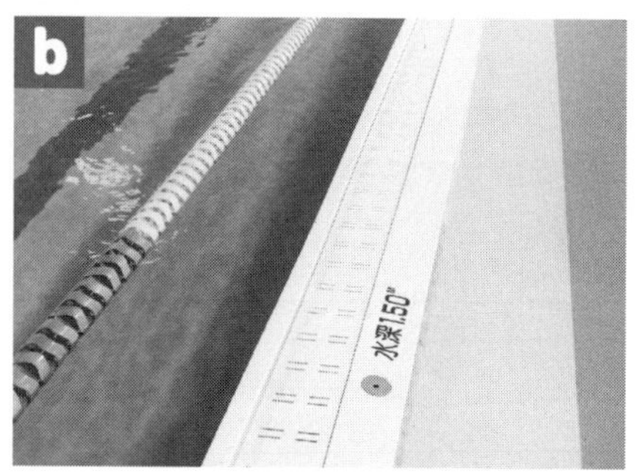

図8-6 各種オーバーフローの構造

あるとアーティスティックスイミング用となります。国際規格の競泳プールや水球プールでは最深部が2mあります。ういてまて教室を行うための打ち合わせでは、あらかじめ現地のプールを下見することが必要ですが、どうしても行けない場合には、プールの構造を事前に把握しなければなりません。初めて行くプールでプールサイドに出たら深さ3.8mの飛び込みプールで講習会を行う羽目になったら大変なことです。

(2) オーバーフロー

ういてまてではプール長辺のプールサイドのへりを使用します。そのため、プールサイドのオーバーフロー形式によって実技の手法が少しずつ異なってきます。あらかじめ、オーバーフローの形式を確認しておかなければなりません。

図8-6に示すようにういてまて教室で使用するプールのオーバーフローの形式で代表的なものは三つあります。

(a)フィンランド式はプールサイド端が傾斜しており、これにより消波効果を出している。傾斜を昇ってきた水が溢水溝に流れる。フィンランドの海岸に似ているところが名前の由来である。同じような構造のチューリッヒ式はプールサイド端が傾斜しておらず、逆にプールサイドよりわずかに高い突起を作っており、それを超えた水が溢水溝に流れる。突起は小さいのでういてまての練習に邪魔になることはない。チューリッヒ近郊に初めて設置されたことが名前の由来である。

(b)ビースバーデン式はプールサイド端と排水口が一体になったタイプで、構造としては最もシンプルである。

(c)低水位式は小中学校の古い屋外プールでよく見られる。プールサイドより一段低い箇所に溢水溝がステージのように設置されている。

8-2-2 浄化設備

循環ろ過型の浄化装置が一般的に備え付けられています。排水口はできるだけプールの水質が均一になるような場所に付けられており、普通最深部にあります。循環ろ過装置は1時間につきプール本体の水の容量に循環水量を加えた全容量の6分の1以上を処理する能力を有することとされています。全プール水を少なくとも一度ろ過するには6時間かかることになります。

循環ろ過設備の一般的な概略図を図8-7に示します。プール水は取水口から取り込まれ、まず集毛器（ヘアキャッチャー）を通過し、次にポンプからろ過機に送られます。ろ過機に入る前に凝集剤が自動注入されて、通常ならろ過機で取りきれないごみまで凝集させてろ過することもあります。ろ過機を出た水は消毒剤注入装置から消毒剤を注入されてプール側壁からプールに注入されます。温水プールの場合には、水温を高くするためにプールに入れる前に水をボイラー（図8-8）で加熱します。

集毛器は毛髪、繊維などの粗いごみをポンプに入る前にこし取ります（図8-9左）。金属メッシュの網が中に入っており、その網にごみを引っかけます。定期的にメッシュを取り出し清掃します。ういてまての練習で出たごみはここに集められます。

ポンプ（図8-9右）は水循環系の最も重要な機械です、故障の原因になる大きなごみが水に入っていてはいけません。

ろ過機（図8-10）は細かなごみを捕集します。ろ過方式には三つあって、ろ過砂を使用する方式、珪藻土を使用する方式、カートリッジ式ろ剤を使用する方式があります。例えばろ過砂を使用する方式では有効径0.4～1.2mmの砂層の下に支持層として有効径4～25mmの砂利層があります。上からプール水が流されて、砂でろ過されます。定期的に逆洗という作業を行ってろ過器の掃除を行います。定期的に行わなければなりませんが、機械が自動で行う装置が主流です。

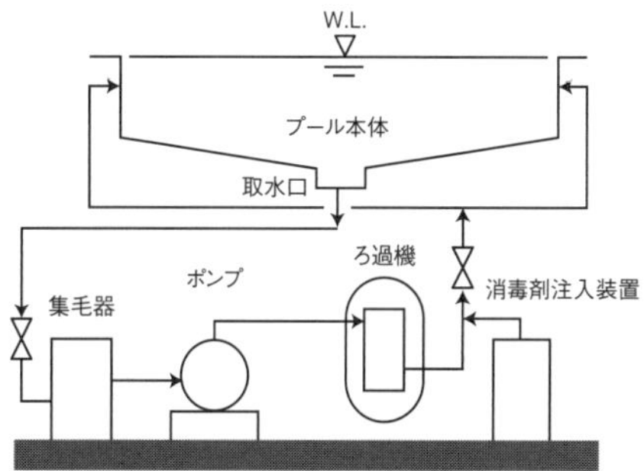

図8-7　プールろ過循環系統図

図8-8　温水プール用ボイラー

図8-9　集毛器（左）と循環用ポンプ（右）

図8-10　ろ過機の外観

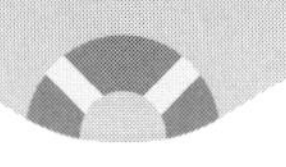

図8-11　消毒剤注入装置（左）と凝集剤注入装置（右）

図8-12　薬剤の種類を間違えると危険であることを表示した注意書き。注入装置の付近には必ずこのような表示を目立つように貼り付ける

キーワード

プール消毒剤の種類

オゾンならびに塩素剤がある。オゾンは強力な酸化剤であり、そのため殺菌力が強い。持続力が短いため、プールではあまり実用的ではない。一方塩素剤には二酸化塩素、液体塩素、次亜塩素酸ナトリウム液、次亜塩素酸カルシウム、塩素化イソシアヌル酸（ジクロルイソシアヌル酸ナトリウム、トリクロルイソシアヌル酸ナトリウム）がある。次亜塩素酸カルシウム、塩素化イソシアヌル酸は固体である。強力で持続性が高い。プールでよく見るのは、次亜塩素酸ナトリウム液、次亜塩素酸カルシウム錠剤・顆粒と塩素化イソシアヌル酸錠剤・顆粒である。

8-2-3 消毒設備

消毒設備として通常消毒剤注入装置が設置されています。消毒剤注入装置には次亜塩素酸ナトリウム液をろ過水に混入するポンプ注入式と顆粒（かりゅう）あるいは錠剤の塩素剤を溶解して注入する溶解注入式があります。

ポンプ注入式では液体消毒剤に圧力をかけて送り込む方式が一般的です。図8-11に一例を示します。一方溶解注入方式では循環ポンプの吐出部から管を分岐して、ろ過器流出管につなぐ方式があります。この方式では、ポンプ出口の水圧とろ過器出口の水圧との差を利用して、溶解塩素剤を注入します。自動注入装置とはいえ、装置への薬剤の投入は毎日の作業になります。

注意しなければならないことがあります。溶解注入方式に用いる塩素剤は次亜塩素酸カルシウムあるいは塩素化イソシアヌル酸ですが、取り扱いを間違えて消毒剤注入装置が爆発した事件が学校プールでありました。日頃から塩素化イソシアヌル酸を投入していた消毒剤注入装置に次亜塩素酸カルシウムを投入し、残留していた塩素化イソシアヌル酸と誤って投入された次亜塩素酸カルシウムが反応したのです。消毒剤は何でも、反応性が極めて高い危険物であることを常に認識しなければなりません。

PTA主催のういてまて教室では、学校関係者以外が薬剤を投入する場合があります。投入量の間違いならまだいいのですが、薬剤の種類を間違えると死傷事故につながりかねません。学校プールでは図8-12のように注意書きを掲示するばかりでなく、消毒剤管理は取り扱いに慣れた学校職員に任せます。もちろん指導者はこのような細かなことを知っていて、常に二重チェックできるようにしておきます。

■著者紹介

斎藤 秀俊（さいとう ひでとし）

1990年　長岡技術科学大学大学院博士課程修了
1990年　米国ペンシルベニア州立大学博士研究員
1992年　茨城大学工学部助手
1994年　長岡技術科学大学講師
1996年　同助教授
2003年　同教授
2006年　同技術開発センター長（2016年まで）
2009年　同副学長（2015年まで）
工学博士
一般社団法人水難学会会長

最新版（さいしんばん）　ういてまて　水難学会指定指導法準拠（すいなんがっかいしていしどうほうじゅんきょ）テキスト

2020（令和２）年６月11日　初版第１刷発行

著　　者　斎藤秀俊
発 行 者　渡辺英美子
発 行 所　新潟日報事業社
〒950-8546　新潟市中央区万代3-1-1 メディアシップ14F
TEL 025-383-8020　FAX 025-383-8028
http://www.nnj-net.co.jp
印刷・製本　株式会社ウィザップ

ISBN978-4-86132-744-5